가정 예배,
어떻게 할 것인가?

초판발행	2018년 9월 9일
초판2쇄	2024년 1월 12일
발행인	박신웅
지은이	유해무 임경근 신승범 박신웅 김동훈 채충원 박광영
발행처	도서출판 생명의 양식
등록번호	서울 제22-1443호 (1998년 11월 3일)
주소	06593 서울시 서초구 고무래로 10-5 (반포동)
전화	02-533-2182
팩스	02-533-2185
홈페이지	www.edpck.org
북디자인	노성일 designer.noh@gmail.com
ISBN	979-11-6166-047-9 (04230)
	979-11-6166-024-0 (set)

책값은 뒷표지에 있습니다.

이 책은 저작권법에 의해 보호를 받는 출판물입니다.
기록된 형태의 출판사의 허락이 없이는 무단 전재와 복제를 금합니다.

이 도서의 국립중앙도서관 출판예정도서목록(CIP)은 서지정보유통지원시스템 홈페이지
(http://seoji.nl.go.kr)와 국가자료공동목록시스템(http://www.nl.go.kr/kolisnet)에서
이용하실 수 있습니다. (CIP제어번호: CIP2018028108)

유해무
임경근
신승범
박신웅
김동훈
채충원
박광영
공저

다음세대를 향한
신앙교육의 핵심
가정예배
이슈와 실천 방안

가정예배, 어떻게 할 것인가?

생명의 양식
THE BREAD OF LIFE

어떻게 할 것인가? 시리즈

기독교교육, 교의학 교수, 현직 목회자, 어린이 사역 전문가가 함께 고민하여 예배에 대한 전문적인 진단과 실제적인 대안을 제시하는 책입니다.

"

경건한 자녀를 기르고 싶습니까? 우리가 흙으로 돌아간 뒤에도 후손들이 하나님을 섬겼으면 좋겠습니까? 그렇다면 그들도 하나님을 경외하도록 가정예배로 함께 모여 힘써 훈련시키십시오.
찰스 스펄전

가정예배, 어떻게 할 것인가?

- 13   1장. 유해무 — 가정예배, 그 역사와 유익
- 43   2장. 임경근 — 가정예배, 어떻게 할 것인가 _ 목회적 접근
- 77   3장. 신승범 — 가정예배, 어떻게 할 것인가 _ 교육학적 접근
- 103   4장. 박신웅 — 가정예배의 어제, 오늘 그리고 내일
- 141   5장. 김동훈 — 축복과 대화가 있는 가정예배 '야곱의 식탁' (송도제일교회)
- 155   6장. 채충원 — 좌충우돌 가정예배 훈련캠프 이야기 (한밭교회)
- 175   7장. 박광영 — 신앙의 전수는 가정예배로 (드림교회)

추천사

제가 섬기는 사직동교회는 지난해 "은혜로 50년, 위대한 신앙계승"이라는 표제로 50주년 행사를 가졌습니다. 그리고 이 행사의 초점은 신앙계승이었습니다. 지난 몇 년 동안 담임목사님의 목회계획 첫 번째는 언제나 "3대 신앙계승"이었습니다. 이 목회계획은 지금까지도 계속되고 있습니다. 신앙계승은 교회와 부모세대의 가장 큰 숙제일 것입니다.

어린 시절 부모님과 함께 가정예배를 드렸던 추억가운데 두 가지가 잊혀 지지 않습니다. 기도 중에 "아버지~"하시던 아버지의 음성과 기도하시다가 우시던 어머니의 얼굴을 살짝 눈을 뜨고 바라보았던 것입니다. 세월이 흘러 가정을 이루고 두 아들과 가정예배를 드리던 어느 날. 제 아내에게 "엄마, 왜 울어요?" 하고 묻는 아들의 물음에 문득 어린 시절이 생각났습니다. 이제 그 아들은 다섯 살이 된 딸과 함께 예배를 드리고 있습니다. 이 시대 교회의 가장 큰 과제는 다음세대로의 신앙계승임을 누구도 부인하지 않을 것입니다.

　제 경험에 의하면 부모님과 드렸던 가정예배는 지금까지 소중한 영적 유산으로 남아있고, 두 아들과 함께 드렸던 가정예배는 가장 행복했던 순간이었으며 부모로서 줄 수 있는 귀한 선물이었다고 생각합니다. 이런 면에서 금번에 총회교육원이 "가정예배 어떻게 할 것인가"를 발간한 것은 참으로 시의 적절했습니다. 유해무 교수님을 비롯한 귀하신 저자들의 글을 통해 새삼 가정예배의 소중함과 그 필요성을 다시 깨달을 수 있었습니다.

　예배는 하나님께서 우리에게 주신 가장 큰 은혜요 특권입니다. 가정예배는 가정을 든든히 세움은 물론이거니와 이 놀라운 은혜가 자녀세대로 흘러가는 축복의 시간이 될 것입니다.

　총회교육원과 저자들에게 깊은 감사를 드리며, 위대한 신앙계승의 설렘을 안고 기쁨으로 이 책을 추천합니다.

안민 교수 (고신대학교 총장)

추천사

최근 한국교회는 외적으로는 사회적 신뢰를 잃어가고, 내적으로는 신앙적 쇠퇴를 맞이하고 있습니다. 그 내적 위기 가운데에서도 가장 심각한 것은 부모 세대들의 신앙을 전수받는 다음세대의 수가 급감하고 있다는 현실입니다. 한국교회에 내일이 있을 것인지를 염려하고 물을 정도로 현재 교회의 세대 계승 결핍 현상이 심각한 상태입니다. 교회들은 총회적으로나 개교회적으로 이 신앙저하 난국을 해결할 수 있는 방안을 다각도로 연구하고 있고 바로 그 가운데서 이 책이 나왔습니다.

"가정예배 어떻게 할 것인가"는 한국교회의 위기 극복은 자녀 세대에게로의 신앙 전승과 신앙단절의 극복과 회복에서 시작된다는 것을 지적하고 그것을 설득력 있게 제시하고 있습니다. 가정예배의 역사를 살펴보며 우리의 신앙의 선배들이 어떻게 믿음을 전수하고자 노력했는지를 소상히 설명할 뿐 아니라 가정예배를 성공적으로 정착시키기 위한 실제적 지침들을 제시하고 있습니다.

　한국교회는 아직 희망이 있습니다. 무엇보다 가정예배를 통해 신앙이 회복되고 이것이 교회 공예배로 이어지며, 이것이 사회의 빛과 소금의 삶으로 이어질 때, 한국교회는 공적신뢰를 회복하며 복음으로 세상을 변화시키는 사명을 감당할 수 있으리라 생각합니다. 이 책이 가정예배의 회복과 한국교회의 회복을 위한 노력에 주요한 통찰력을 제공하고 또 교회가 나아갈 주요한 방향을 제시할 것이라고 생각하면서 이 책을 한국교회에게 흔쾌히 추천합니다.

신원하 교수 (고려신학대학원 원장)

추천사

　　서유럽에서 유학 시절을 보내면서 오랜 기독교 문화의 침체 현상을 보았습니다. 그것은 주일에 예배드리는 성도의 대부분이 노인세대라는 것입니다. 젊은이들은 주말에 여가를 즐기기 위해 교회에 발걸음을 내딛지 않습니다. 오죽하면 유럽의 종교사회학자들이 기독교인들 중에서 주일을 한 달에 한 번 이상 지키는 성도를 가리켜 '실천가'로, 부활절이나 성탄절과 같은 중요 절기나 기억하고 어쩌다가 주일성수를 하는 성도를 '비실천가'로 분류할 정도가 된 것이지요.
　　그렇다면 이들은 왜 주일성수, 예배, 기도생활, 봉사활동과 같은 고유한 신앙의 전통을 유지하지 못했을까요? 가장 큰 요인은 1968년 일어난 대학가의 대규모의 문화혁명입니다. 청년들은 더 이상 기성세대의 가치관, 특히 기독교 신앙을 따르기를 거부했습니다. 그렇게 세속화의 세월을 지나 어느덧 68세대는 부모세대가 되었고, 자기 자녀에게 신앙교육을 하지 않은 결과, 자녀들은 교회는 불필요하다고 말하게 되었습니다. 교회는 단지 문화적, 윤리적으로 참고할만한 준거라는 것 외에는 큰 의미를 두지 않게 된 거지요. 더 나아가 이들은 자기가 좋다고 여기는 특정 종교의 교리나 의례를 원하는 대로 '짜깁기(bricolage)'하여 신념화하고 실천하려고 합니다. 그래서 헤르뷰 레제(D. Hervieu-Léger)와 같은 종교사회학자는 세대 간의 신앙의 '수직적 전승'보다는 '수평적 전승'을 그 대안으로 모색하고 있는 형편입니다. 이렇게 유럽에서 역사적인 기독교는 차세대로 이어지는 신앙전수를 기대하기 어려워졌습니다.

가정은 아이들이 속하는 필연적 환경입니다. 가정은 첫 번째 교육의 장으로서 아이에게 인간적인 기원과, 살아야 할 가치를 부여하며, 본질적인 신앙을 열어줍니다. 그런데 부모가 성경 읽고 기도하는 모습을 볼 수 없는 가정, 온 가족이 한 마음으로 하나님께 예배하는 시간이 없는 가정이라면 한국의 기독교도 머지않아 유럽의 전철을 밟게 될 것이 자명합니다. 과거에는 기독교인 부모가 가정의 삶의 방향을 지시했으나 오늘날에는 해체된 가정, 혹은 가족 개인주의로 인해 아이들의 신앙이 위험에 처해 있습니다. 부모는 작금의 다원화되고 복합적인 종교 문화적 상황에서, 그리고 하나님보다는 돈을 섬기길 조장하는 후기 자본주의 사회에서 자녀가 기독교 정체성을 어떻게 확립하며 살게 할 수 있을까를 고민해야 합니다.

이 위기의 때에 총회교육원에서 시의 적절하게 출판한 "가정예배, 어떻게 할 것인가?"의 다양한 내용구성은 신앙교육을 위한 기본적 콘텐츠에 목말라하던 한국의 기독교 가정과 교회에 단비가 되어줄 것입니다. 이제, 하나님이 태초에 세우신 가정이라는 든든한 울타리 안에서 가족 구성원들은 더 이상 세상의 파도에 휩쓸리지 않고 영적인 삶으로 인생의 항로를 헤쳐 나갈 수 있을 것입니다.

남은경 교수 (서울신학대학교 기독교교육과)

1장

가정예배,
그 역사와 유의

유해무

가정 예배,
그 역사와 유의

유해무 교수[*]
(고려신학대학원 교의학)

한국교회는 1990년대부터 성장이 둔화되다가 급기야는 감소 추세로 바뀌었다. 이런 외적인 감소보다 더 심각한 것은 질적인 측면이다. 부흥이 한창일 때, '양적 성장이 있어야 질적 성장도 가능하다.'는 말을 많이 들었다. 그런데 최근에 한국교회는 종종 언론의 사회면에서 부정적인 톱기사를 제공하는 경우가 많다. 양의 성장이 질의 성장을 반드시 동반하지 않을 수도 있다는 말이다. 게다가 한국의 인구 분포와 출생률을 고려하면, 앞으로도 한국교회 역시 노령화를 겪을 것이며 숫자나 질에서 위축될 것은 이미 예견된 일이다.

---

[*] 네덜란드 캄펜 개혁교회신학대학원에서 석사(Drs.) 및 박사 학위(Dr.)를 취득하고, 1991년부터 현재까지 고려신학대학원 교의학 교수로 재직하고 있다.

이런 상황에서 우리는 무엇을 해야 하는가? 우리의 주제를 따라 가정을 성경적으로 세우는 일이 시급하다. 그간 한국교회의 신앙 양태에서 가정은 큰 주목을 받지 못하였다. 한국의 산업화와 경제 발전과 사회의 변화에 따라 가정에서 가장인 남편과 아버지의 부재는 당연시되었고, 아내요 어머니까지 일을 해야 하는 상황에서 부부 사이, 부모와 자녀들 사이의 대화할 여유조차 쉽지 않은 형편이다. 부모의 직장 생활과 자녀들의 학교교육과 과외 수업/학원 수업으로 가족들이 가정에서 만나기보다는 '가정' 밖에서 각자 생활하고 활동하는 것이 일반화되었다. 게다가 이전과는 달리 요즘은 너무나 쉽게 이혼하거나 별거하는 일이 자주 일어난다. 그렇다보니 우리 사회에 유행하는 비혼이나 자녀를 갖지 않는 결혼 형태에도 신자들과 자녀들이 무방비 상태로 노출되어 있다. 그간 한국교회와 목사들은 성도의 가정 생활을 어떻게 가르쳤는가? 심각하게 반성하지 않으면 한국교회의 장래는 침울할 것이다. 이 여러 가지 주제들을 가정예배를 중심으로 생각을 모아보자. 신자는 가정생활에서도 불신자와 달라야 한다.

가정: 언약 공동체

하나님께서 창조하신 제도 가운데 가장 오래된 제도는 혼인과 가정이다. 하나님께서 첫 사람들에게 생육과 번성의 복을 명하셨다(창 1:26-28). 하나님께서 그들을 부부로 맺어주시고, 혼인 주례로 가정을 세우셨다(창 2:22). 혼인과 출산은 복의 형태로 받은 언약적 명령이다.

흔히 가정을 '작은 교회'(ecclesiola in ecclesia)로 부르는 것은 합당하지 않지만, 사용할 경우 이 점을 고려하여 신중하게 사용해야 한다. 그때에 가정은 있었지만 교회는 없었다. 가정은 창조의 제도이고, 교회는 타락과 죄로 말미암아 창조 이후에 주신 재창조의 제도이기 때문이다.

하나님께서 세우신 가정은 언약 공동체이다. 하나님께서 노아와 언약을 세우시면서 그의 아들들과 아내와 자부들이 방주에 들어가 생명을 보존하게 하셨다(창 6:18). 하나님은 노아 안에서 노아의 가족과도 언약을 세우셨다. 언약은 하나님의 맹세를 당사자에게 베풀어 주신다는 뜻이다. 여기에서 부부 관계도 언약적임을 알 수 있다. 창조의 제도인 혼인과 가정이 회복을 위한 재창조의 제도, 곧 교회가 가정의 회복을 위해서도 존재함을 알 수 있다.

그러나 이런 언약 관계가 일부다처제의 형태로 변질되기도 하였다. 아브라함이나 야곱, 다윗과 솔로몬도 예외는 아니다. 유다가 다말을 범한 것은 언약 백성 가운데서도 이방인들의 관습을 따르는 오류를 볼 수 있다(창 38장). 그렇지만 이들의 행위가 결코 정당화되거나 어떤 경우에서도 표본이 될 수 없다. 잠언은 음녀를 경계한다. 젊어서 취한 아내를 즐거워하라고 명한다(잠 5:18). 호세아는 음란한 아내를 취하여 음란한 자식들을 낳아야 하는 얄궂은 사명을 받았다(호 1:2). 이것은 언약을 깬 이스라엘의 우상숭배를 책망하기 위함이요, 용서와 회복을 위한 표징이었다. 그러므로 하나님과의 언약을 지키는 자는 심령을 삼가 지켜 어려서 맞이한 아내에게 거짓을 행하지 않고 경건한 자손을 얻어야 한다(말 2:15).

부부의 언약으로 이루어지는 가정은 언약에 속한다. 아브라함은 자기 집에 거하는 남자들에게 할례를 행하였다(창 17:23). 할례는 언약의 표이다(창 17:13). 여호수아는 "나와 내 집은 야웨를 섬기겠다"고 선언한다(수 24:13). 욥은 자녀들이 차례로 잔치를 끝내면 그들을 불러다가 성결하게 하되 아침에 일어나서 그들의 명수대로 번제를 드렸으니 이는 욥이 혹시 자기 아들들이 죄를 범하여 마음으로 하나님을 욕되게 하였을까 함이었다(욥 1:5). 그런데 시대가 다르기는 하지만, 욥과는 달리 자녀를 불로 지나가게 하여 몰록에게 바치는 부모도 있었다(왕하 23:10). 언약 백성은 이방신에게 자녀를 빼앗기지 않아야 한다(신 28:41). 부모의 가장 큰 사명은 하나님의 말씀을 잘 듣고 배워 자녀들에게 하나님 경외를 가르치는 것이다(신 4:10). 이 사명은 특히 가나안 땅에서 해야 할 일이다(신 31:13). 지혜자와 교회의 교사는 자녀들에게 하나님 경외하기를 가르쳐야 한다(시 34:11). 경외는 하나님을 뵈면서 교제하고 그 하나님의 자녀답게 그분 앞에서 일상적 삶을 사는 것이다.

그런데 교사와 부모는 일방적으로 가르치지 않고, 질문하고 답을 구하면서 대화하고 토론한다(시 34:12의 질문과 이어지는 답변). 이것은 말씀과 기도로 이루어지는 하나님과 언약 백성의 교제를 모방한다. 하나님께서 말씀하시고 백성은 듣고 순종하며 그 들은 말씀으로 하나님께 기도로 고하면서 교제한다. 하나님과 언약 백성 사이의 이런 교제의 원형이 부모와 자녀의 관계, 대화로 이루어지는 관계를 독려한다. 이러한 방식으로 가르치는 것은 자녀에게 여호와 경외를 꽉 채우고 건강한 의미에서 세뇌하는 것이다. 이 책무를 맡은 교사와 부모에게는 스스로 하나님의 말씀을 듣고 배우는 자세, 성령님의 인도를 간구하는 간절한 기도, 따뜻한 긍휼, 냉철한 인내, 삶의 모범 등이 선행하고 동행하고 후행해야 한다.

　그런데 구약이나 신약을 통해 볼 때, 가정에서 예배가 있었다는 구체적인 기록은 없다. 다만 추적할 뿐이다. 하나님께서 첫 사람과 노아(창 9:1)에게 주신 생육과 번성의 약속과 복은 아브라함(창 17:2, 22:17-18)과 이삭(창 26:4,13)과 야곱(창 35:11)에게 계승된다(창 47:27; 출 1:7). 아브라함은 이 번성의 복을 받기 위하여 아들에게 이방 여인 중에서 아내를 취하지 않게 함으로써 명령을 순종하였다(창 24:7). 이삭은 이 복의 명령을 이삭(28:3-4)에게, 야곱은 요셉(창 48:4)에게 전하고 가르친다. 이른바 쉐마(들어라!)도 번성의 복을 먼저 언급하고 시작한다(신 6:3). 모세도 이스라엘 백성들에게 이 복을 전하고 명한다(신 7:12-14). 예레미야도 언약 백성을 기르는 목자들의 직무 유기를 경고하면서 야웨께서 직접 목자로서 백성의 생육을 번성하게 하실 것이라고 선포한다(렘 23:3). 이런 약속은 새언약의 갱신으로 계승된다(겔 37:26). 그 성취는 한 알의 밀알로서 썩어 많은 열매를 맺으신 예수님(요 12:24)에게서 이루어져, 믿는 자의 수가 더하는 사도행전에서 계속 되고, 종말론적으로는 흰옷을 입은 허다한 무리의 송영 중에 완성될 것이다.

　신약은 다른 경우에서와 마찬가지로 구약의 경우를 계승하기 때문에 구약의 언약 공동체인 가정교육을 계승한다. 신약에서 부모는 자녀를 노엽게 하지 말아야 한다는 말씀이 나오지만(엡 6:4), 가정을 통한 믿음의 전수가 구체적으로 나오지 않는다. 다만 구약과는 다르게 이방인을 향한 선교와 교회 확장의 측면에서 구약과 같은 언약 공동체인 가정과 가정 예배는 새롭게 정립해야 할 과제였다. 이방인이었던 디모데는 외조모 로이스와 모친 유니게로부터 거짓 없는 믿음을 이어받았다(딤후 1:5). 사도행전에서 가장과 더불어 온 집이 믿음을 고백한다(루디아와 빌립보의 간수의 경우, 행 16:14-15, 34). 이로 보건대 구약 시대와 마찬가지로 신약 시대에도 가정에서 성경을 읽고 시편을 부르며 함께 기도했을 가능성은 충분하다고 여길 수 있다.

예배

그런데 우리 입에 익은 가정 '예배'라는 표현이 합당한가? 예배는 공예배와 기도회로 나누어 볼 수 있다. 공예배는 구약의 제사부터 시작하여 특히 사도행전 2장에서 보는 바와 같이 남녀노소가 말씀과 성례에 함께 참여하는 예배를 말한다. 예수님은 말씀의 전파를 제자들에게 위임하셨고, 세례와 성찬의 집례도 부탁하셨다. 이에서 파생하여 교회 안팎에서 가지는 다른 모임은 기도회라 부른다. 기도회에는 성례가 없이 말씀을 읽거나 주일에 들었던 설교의 말씀을 다시 상고하고 서로 나누는 모임이다. 이런 의미에서 주일학교 교육은 기도회에 속한다고 볼 수 있다.

이런 기본적인 정의와 구분이 없다면, 가정에서도 마치 공예배가 가능한 것과 같은 혼란이 예상된다. 아래 역사 부분에서 보겠지만, 최근까지 상당수의 가장들이 글을 해독할 수 없었는데도, 가장의 주도 하에 주일 설교 말씀을 주중에 살아내려는 노력을 가정 단위로 행하고 있다. 이를 편의상 '가정예배'라 부를 수 있다. 가정예배가 공예배를 대체할 수 없기 때문에 공예배와 가정기도회로서 가정예배를 동격으로 여길 수 없다.

가정교회?

　가정예배를 역사적으로 살피기에 앞서서, 가정교회라는 용어와 용법을 간단하게 정리할 필요가 있다. 첫째, 신약 사도행전에 기록되어 있듯이, 교회가 자체 예배당을 갖지 못할 때나, 박해로 인하여 공개적으로 모이기 어려울 때, 교회는 가정에서 회집하여 말씀과 성례를 행하였다. 그런데 가정예배는 정상적인 공예배와는 별도로 소수의 신자들이 함께 기도하고 성경을 읽으며 때로는 권면의 말씀을 듣는 형태를 말한다. 이런 모임은 취리히에서 츠빙글리가 시도한 예언의 제도에서 나왔다고 볼 수 있다. 그리고 공예배와 별도로 가족 단위의 기도회도 말한다.[1]

　둘째, 가정기도회는 공예배와 직분을 위협하는 운동으로 변질될 위험을 안고 있으며 가정예배를 무시할 경향이 강하다. 1628-29년 네덜란드 남부 홀란드 노회는 이런 식의 모임을 감독하면서 점차 공적 교리교육으로 대체하였다. 특히 드라바디(Jean de Labadie; 1610-74)가 소속 교회와 갈등을 겪으면서 이런 모임을 확장하였다. 예수회 소속 가톨릭 신부로서 프랑스에서 사역하던 그는 프랑스 가톨릭교회를 내부적으로 비판하다가 칼빈의 『기독교강요』를 탐독하고 1650년에 개혁교회 설교자가 된다. 1659년부터 제네바에서 목회하다가 1666년에 네덜란드 남부 도시 미델부르그로 사역지를 옮긴다. 사도행전의 교회를 원형으로 삼아 개인주의적 신비주의를 신봉하고 재세례파적 경향이 강하였던 그는 종교개혁의 열정이 식은 네덜란드 민족교회를 거부하고, 같은 성향의 사람들로 구성된 소집회모임(conventicle) 중심으로 삼은 분리주의를 추구한다. 결국 네덜란드의 프랑스어권 노회가 면직시키자, 그는 네덜란드를 떠나 함부르크 근교에서 자기 그룹을 목회하다가 죽는다.

드라바디가 제네바에서 목회할 때 그의 모임에 참석하였던 독일 경건주의 신학자 스페너(Ph. J. Spener; 1635-1705)는 독일로 돌아가 교회 비판과 교회개혁을 시도하면서 소집회모임(collegia pietatis)을 활성화한다. 그러나 그의 의도와는 달리 추종자들은 분리주의를 추구하고 만인제사장직을 과격하게 주장하면서 독일 국가교회를 강하게 비판하였다. 경건주의는 언약 공동체인 가정의 기도회를 개인 경건으로 대체하고 만다. 19세기 초 유럽 전역에 번진 부흥운동도 가정기도회보다는 개인 경건과 경건 모임을 권장하였다.

셋째, 최근에 제한적이나마 유행을 타고 있는 가정교회도 있다. 가정교회는 사도행전에 나오는 가정교회를 기본 모델로 삼는다고 한다. 위에서 언급하였듯이 사도행전의 경우에는 가정집에서 모일 수밖에 없었다. 역사적으로 현존하는 가장 오래된 가정교회는 시리아 동부 유프라테스 강가 남쪽 언덕 위에서 발굴되었다(Dura-Europos; 현 Al-Salihiyah에서 강을 따라 동쪽으로 8km 지점). 이 건물은 마치 한국교회 초기에 초가나 기와집을 개조하여 예배당으로 사용한 경우와 비슷하다고 볼 수 있다.

그런데 성경, 특히 사도행전에서 말하는 가정은 가옥의 개념을 배제하지는 않지만, 언약 공동체라는 의미가 더 강하다. "주 예수를 믿으라! 그리하면 너와 네 집이 구원을 받으리라"(행 16:31)는 말씀은 가옥이 아니라 부부와 자녀, 심지어 종까지 포함된 인적 가정을 말한다. 빌립보의 간수는 "내가 어떻게 하여야 구원을 받으리이까?"(16:30)라고 물었지만, 바울의 대답에는 '너'만이 아니라 '네 집'까지 포함된다. 이것은 지극히 구약적이고 언약적이다. 하나님께서 아직 자녀가 없었던 아브람에게 영원한 언약을 삼으시고 "너와 네 후손의 하나님이 되리라"(창 17:7)고 말씀하셨다. 이런 언약의 말씀을 염두에 두고 여호수아는 "나와 내 집은 야웨를 섬기겠다"고 약속하였다. 간수의 대답은 이런 언약 공동체인 가정을 바울에게서 배워 고백한 것이라고 볼 수 있다. 이런 언약을 고려하지 않고 가정교회를 말하거나 가정예배를 말하는 것은 피해야 한다.

가정 예배의 역사

이제 가정예배의 역사를 살펴보자. 다니엘은 하루에 세 번 무릎을 꿇고 기도하며 하나님께 감사했고(단 6:11), 시편 55:8에도 저녁과 아침과 정오에 탄식한다는 기도자의 외침이 나온다. 이런 구약의 전통에서 유대인들은 하루에 세 번씩 가정예배를 드린다. 유대인들은 아침에 일어나면 식사 전에 술이 달린 예복을 입고 기도와 찬송과 성경 낭송의 순서를 가진다. 제일 먼저 아침 축복 22개, 제물 관련 성경 봉독, 찬송, 쉐마(신 6:4 이하) 낭독, 기립 기도, 간구, 토라와 선지서 낭독, 마지막으로 아침 기도로 마친다. 정오와 저녁 기도는 아침 기도에 비하여 상대적으로 짧게 진행한다.[2] 이후 유대인들은 이런 전통을 따라 가정에서도 기도하고 성전이나 회당에서도 기도회를 가졌다.

유대인들의 규칙적인 매일 기도회의 전통은 신약과 교회사에서도 계승된다. 베드로와 요한은 제 구 시(오후 3시) 기도 시간에 성전에 올라가다가 구걸하는 이를 고쳤다(행 3:1 이하). 이 일로 그들이 공회에서 고문을 당하고 방면된 다음에 동료들이 기도하는 곳으로 간다(행 4:23 이하). 이처럼 고대교회 성도들은 어디에서나 하루에 세 번 주기도문으로 기도하였다.[3] 200년대에 나온『사도 규정』에는 아침 기도문과 저녁 기도문과 식사 기도문이 나온다.[4]

교회가 확장되면서 가정기도회보다는 수도원 중심의 기도회가 교회사에 나타난 기도회의 근간을 이룬다. 수도원에서는 주로 시편을 암송하여 낭송하는 방식으로 규칙적인 기도회를 가졌다. 이렇게 기도하는 것이 하나님께서 자신들을 불러 맡기신 직분으로 삼았다. 이런 일상 기도회를 일상의 직분 또는 '하나님께서 주신 직분'이라 불렀다. 서방교회의 수도원의 시조인 베네딕투스(분도; 480-550)는 수도사들이 매일 규칙적으로 기도회를 가지면서 일주일에 기도서인 성경 시편 전편을 낭송하도록 규정하였다. 이후에 수도원은 하루에 7번의 규칙적인 기도회를 가졌다.[5] 동방교회 역시 기도회를 규칙적으로 가졌다. 콘스탄티노폴리스의 기도회는 주로 합창으로 구성되어, 3개의 수도사 합창단이 연이어 찬양을 부르는 찬양기도회를 가졌다. 그러나 동서방교회의 이 전통은 오히려 폐단이 되어 일반 교인들은 이런 기도회에 능동적으로 참여하지 않았고, 가정기도회도 언제부터인가 사라지고 말았다. 수도사와 사제들이 종교적 행위를 대신하고 성도들은 그냥 그들의 수행에 참여하고 관찰하는 수동적 위치에 빠졌다. 중세 교회는 개인과 가정기도회에서도 암흑시대였다. 이에 대한 반동으로 여러 평신도 수도회가 생겨난다.

종교개혁은 교리의 개혁일 뿐만 아니라 예배의 개혁이기도 하다. 종교개혁은 회중찬송을 회복하였듯, 기도회를 일반 성도들에게 되돌려주었다. 일단 7개의 기도회를 아침과 저녁 기도회로 축소하여 예배당에서 모였다. 기도회는 시편 한두 편을 부르면서 시작한다. 그리고 간단한 말씀 묵상이 설교 형태로 나온다. 설교 전에는 죄 고백과 일반적인 간구의 기도가 있고, 설교 후에는 특별한 제목의 간구 기도가 있다. 기도회는 시편을 부르면서 마친다.

개혁자 마틴 루터(1483-1546)는 가정기도회를 강조하였다. 그는 예배를 갱신하면서 가정예배의 실행을 강조한다. 만인제사장직에 근거하여 부모들은 가정의 제사장으로서 신앙과 기도의 중요성을 문답 방식으로 가능한 가장 쉽게 가르쳐야 한다. 자녀들은 이를 잘 경청하고 마음으로 배워 믿음과 사랑을 함양해야 한다.[6] 루터는 이를 위해서 성경을 독일어로 번역하여 각 가정마다 성경을 가질 수 있게 하였다. 그리고 아이들을 위한 소교리문답서와 성인 초신자의 세례교육서로 대교리문답서를 같은 해(1529년)에 작성한다. 그는 성인(成人)들의 성경과 교리 지식이 형편없다는 사실을 탄식하면서 자신의 문답서들을 계속 사용하여 믿음의 지식을 증진할 것을 기대하였다. 특히 가장은 자녀들이 배운 바를 매주 한 차례 확인하고 자녀들의 지식이 부족하면 신실하게 배우도록 훈계해야 한다고 강조한다.[7] 루터는 1525년에 혼인하고, 수도사들이 떠나버린 수도원에서 신혼 생활을 시작한다. 그의 식탁은 학생들과 방문자들이 함께 찬송을 부르고, 함께 기도하고 교리문답서를 함께 읽고 온갖 사안들을 성경 말씀을 표준으로 삼아 토론하는 자리였고 자녀들도 참여하였다. 1532년부터 건강상 이유로 교회에서 설교를 하지 못하자, 집에서 자녀들에게 설교하였다. 이것들은 1544년에 가정예배설교(Hauspostille)로 출판되었다.[8] 루터는 출타하여 집을 비울 경우, 다정한 편지를 집으로 보내어 자녀들에게 믿음의 훈련을 하고 성장할 것을 멀리서도 전하였다(bR. 12 & 14).

칼빈(1509-1564)은 가정예배에 루터에 비하여 상대적으로 짧게 말한다.[9] "바울은 빌레몬의 가정을 '네 집에 있는 교회'라 칭함으로 그들에게 최고의 칭찬을 말한다. 가장이 자기 집을 교회처럼 배치하고 자기 집에서 목자의 직분을 완수하는 것은 가장에게 결코 작은 칭찬이 아니다."[10] 칼빈은 규칙적인 기도시간을 강조한다. 아침에 일어나 일을 시작하기 전에, 식사 시작 전과 후에, 그리고 취침 전의 기도를 말한다(3,20,50). 그는 중세의 수도사들의 행위 공로가 아니라, 우리의 연약함을 극복하기 위해서 기도 시간을 정할 필요가 있다는 것이다. 칼빈은 언약에 기초하여 유아세례를 강력하게 주장한다. 따라서 부모는 자녀들이 출생에서 이미 하나님께서 그들을 자기 자녀로 인정하셨기 때문에 이 사실을 동기로 삼아 그들을 하나님 경외와 율법의 준수를 향하도록 가르쳐야 한다. 또 하나님의 선하심을 신뢰하면서 자녀들이 유아일 때부터 하나님께 바치면 그들도 하나님의 가정인 교회의 회원의 자리를 얻을 것이라고 말한다(4,16,32). 칼빈이 가정예배를 자주 말하지는 않았으나, 언약에 기초하여 자녀들을 가르치며 가정에서 개인기도와 가정기도회를 규칙적으로 가졌다는 것을 알 수 있다.

개혁교회와 가정예배

위에서 살펴본 대로 종교개혁 전통 특히 유독 개혁교회에서 가정교회를 강조하였다. 종교개혁 당시에 번잡한 매일 미사를 단순화시켜 교인들의 참여를 독려하다가, 17세기 들어 이보다는 가정에서 아침과 저녁 경건회를 갖게 하였다. 웨스트민스터고백서는 21장에서 가정예배를 다음과 같이 고백한다. "현 복음 시대에 기도나 종교적 예배의 어떤 순서도 행하는 장소나 향하는 곳에 매여 있지 않으며 더 잘 받아들여지는 것도 아니다. 그러나 매일 가정에서나 은밀하게 홀로, 그리고 어디서나 영과 진리로 하나님을 예배할 수 있다." 고백서는 공예배와 별도로 매일 경건생활과 가정기도회의 준수를 고백적으로 선언한다. 스코틀랜드 장로교 총회는 1647년 7월에 웨스트민스터 예배모범에 가정예배 모범을 첨부하기로 결정한다. 아침과 저녁 기도회 2회의 기도회이며, 기도와 성경 읽기 그리고 찬송으로 구성된다. 비슷한 시기에 잉글랜드의 백스터는 가정예배지침을 작성하였다. 후대에 매튜 헨리도 기도에 관한 책에서 가정기도회를 다룬다. 알렉산더도 19세기에 가정기도회 단상을 지었다. 그런데 경건주의는 가정기도회 대신에 개인 경건생활을 강조하였고 시간도 짧게 하였다. 한국교회 안의 소그룹 활동이나 이른바 가정교회도 가정기도회를 대체하는 것으로 여길 수 있다.

스코틀랜드교회의 가정예배모범[1]

스코틀랜드 장로교회는 잉글랜드와 아일랜드보다 먼저 개혁신앙에 기초한 장로정치를 정착시키면서 다른 두 나라와 종교에서 통일되기를 염원하였다. 가정예배 모범을 작성한 것 자체가 이런 염원을 가진 교회의 면모를 잘 드러낸다. 이 모범은 짧은 서언과 본문 14절, 그리고 결어로 구성되어 있다.

전문에서 스코틀랜드 장로교회의 총회는 이 모범으로 경건을 함양하고 분리와 분열을 방지할 목적을 밝힌다. 목사와 장로는 가정예배의 시행을 감독하고 권면해야 하며, 가장이 이를 시행하지 않으면 사적으로 권면하고 다음으로는 당회가 책망하고, 그래도 듣지 않으면 시행할 때까지 수찬정지로 시벌한다고 전제한다.

개인 경건시간과 함께 가정예배는 국가적 개혁의 일환이다. 개인 기도회는 아침과 저녁 2회를 말한다. 또 가장은 가족들과 함께 기도회를 가져야 한다[I]. 순서로는 먼저 교회와 나라, 가정과 가족들의 형편을 지적하면서 기도와 찬송을 드린다. 다음에는 성경 봉독과 간단한 교훈으로 가족이 성경을 잘 이해하게 돕는다. 이로부터 서로를 살피면서 가장이 책망하거나 격려한다[II].

성경 해석 책임과 의무는 목회의 소명에 속하며, 하나님과 교회의 소명을 받은 자만이 행할 수 있다. 가정에서는 위의 순서대로 하되 항상 읽고 들었던 바를 서로 나누어야 한다. 이 일을 가장이 주도하여 죄에 대한 심판, 의무와 위로도 그리스도로부터 얻는다[III].

가장은 예배에서 빠지는 가족이 없도록 해야 한다. 목사는 게으른 가장을 경고하고, 약한 가장을 훈련시키고, 노회의 허락으로 다른 가정의 예배를 인도할 자를 선정할 수도 있다. 혹 목사가 가정을 심방하면 모든 가족들이 예배에 참석하게 해야 한다(IV). 그러나 과오가 많은 자나 말로 분열을 심는 자는 다른 가정에 파송하지 말라(V). 가정을 찾아온 방문자나 극히 예외를 제외하고 가정 예배에 타인을 참석시키는 것을 금한다(VI).

때로는 부패와 고난의 시절에 여러 가정들의 회집에 열매와 결실이 있다 하여도, 하나님께서 평화와 복음의 순결성을 다시 주시면, 그러한 개인들이나 가정의 회집은 중단해야 한다. 부패와 고난의 시절은 말씀과 성례가 순수하게 시행되지 못하는 비상시를 말하며, '평화와 복음의 순결성'은 다시 강단과 성찬의 순결성이 회복된 정상적 상황을 말한다. 그럼에도 비상시의 모임을 계속하여 별도로 모이면 각 가정의 건강한 예배를 방해하거나, 공적 목회에 편견을 낳거나 지역 교회와 때로는 전체 교회의 가정을 찢을 수 있기 때문이다. 이런 장애를 핑계로 삼아 육적인 사람의 마음이 강퍅하여지고 경건한 성도들이 고통을 받게 되기 때문이다(VIII).

주일에는 가족 각자와 온 가정이 주님께 공예배에 합당하게 만들어주시고 공적 질서를 따라 복을 주시기를 간구한 다음, 가장은 모든 가족이 공예배에 참석하고 다른 성도들과 연합하도록 모든 조치를 취해야 한다. 공예배가 마친 다음, 가장은 기도 후에 가족들이 들었던 바를 되새기게 해야 한다. 이후에는 함께 교리 교육이나 말씀을 영적으로 나누거나, 각자가 성경을 읽고 묵상하며 개인 기도의 시간을 가지면서 하나님과의 교제를 익히며 증진해야 한다. 그리하여 공적 질서 가운데서 발견한 유익을 계속 간직하여 증진함으로써 영생을 향하여 전진해야 한다(VIII).

　　기도는 하나님께서 주신 선물인데, 기도에 약한 자라도 게으르지 말고 기도의 정신을 증진시켜야 한다. 먼저 하나님의 존전(尊前)에 설 수 없으며 지엄(至嚴)하신 분을 예배하기에 부적합함을 고백한다. 자신과 가족의 죄를 고백하고 자책하고 정죄하면서 스스로를 낮춘다. 그리스도의 이름으로 성령의 능력으로 하나님께 영혼을 쏟아 부어 사죄를 간구한다. 은혜를 사모하며 회개하고 단정하고 의롭고 경건하게 믿고 살며, 기쁨과 즐거움으로 하나님을 섬기겠다고 서원한다. 동시에 자신과 형제자매를 위하여 베푸신 자비와 그리스도 안에 나타난 사랑과 복음의 빛을 감사한다. 그리고 영적이고 현세적인 형통과 치유와 시사적인 위기에 도움을 간구한다. 그리스도의 교회 일반, 특히 개혁교회와 소속 교회, 하나님의 이름으로 고난 받는 자들을 위하여 간구한다. 또 위정자와 그 가족들, 목사, 국방 등의 이유로 부재한 이들을 위한 기도도 한다. 마지막으로 그리스도의 나라가 임하고 뜻을 이루시고 간구를 응답하셨음을 확신하고 하나님께 영광을 돌리면서 기도를 마친다(IX).

　　가정예배의 경건 훈련은 무신론자들과 세상의 조롱 속에서도 세상일이나 장애에 구애 받지 않고 지체 없이 신실하게 하나님의 자비를 의뢰하면서 시행해야 한다. 공권력자나 교회의 장로들은 스스로 자원할 뿐만 아니라 자기가 관할하는 모든 가정에서 가정예배가 의식적으로 행해지도록 힘써야 한다(X). 위에서 언급한 일상사뿐만 아니라 근신이나 감사 등 특별한 사안이 있을 때마다 공적이고 사적인 기도회를 갖도록 앞장서야 한다(XI).

하나님의 말씀은 서로 존경하고 사랑과 선행을 독려하는 반면에, 타락이 증가하고 욕심을 따르는 조롱자들이 자기들의 극한 방탕에서 남들이 동행하지 않는 것을 이상히 여긴다고 말씀하기 때문에, 교인들은 스스로 자원하고 형제자매들에게 권면하는 중에 교훈과 권고와 질책으로 서로서로 세우며, 악과 세상의 욕심을 부인함으로써 하나님의 은혜를 증거하도록 서로 권유해야 한다. 이를 위하여 이 땅에서 경건하고 단정하며 의롭게 살고, 약한 자를 위로하고 서로 합심하여 기도해야 한다. 이런 의무는 하나님의 섭리를 따라 특별한 경우에도 행해야 한다. 즉 천재지변, 십자가, 큰 어려움 중에는 지혜와 위로를 구하고, 범죄한 자에게는 사적인 권고로 이겨내게 하고, 이게 효과적이지 않으면 두 세 사람을 권고에 합류시킴으로 그들을 증인으로 삼아 말씀이 이기게 해야 한다(XII).

누구라도 낙심하거나 곤란에 빠진 자를 적당한 시간에 대면하여 권하기가 어려울뿐더러, 여러 차례 사적으로나 공적으로 일반 방식으로 최선을 다했음에도 효과가 나지 않으면, 목사나 성숙한 성도의 도움을 받아야 한다. 양심에 고통을 받는 이가 경건하고 진중하며 비밀을 지켜주는 친구의 도움을 원한다면, 그런 친구가 동석하는 것이 유익하다(XIII).

여러 가정의 가족들이 하나님의 인도를 따라 직업상 이민을 떠나 어디서든 주 하나님과 동행하기를 원한다면, 기도와 감사의 의무를 잊지 말고 무리가 익숙한 방식으로 그곳에서도 합당하게 가정기도회를 가져야 한다. 헛된 소문을 발설하지 말고 선한 말로 서로를 세워

듣는 이들에게 은혜를 끼쳐야 한다(XIV). 이 부분은 막 미국대륙으로 이민을 떠날 시기에 나온 시의적절한 권면이다.

결어는 이 모범의 의도를 한 번 더 정리한다. 한 편으로 가정예배 모범은 언제 어디서나 목사와 교인들 사이에 경건의 능력과 훈련을 장려하고 증진시킴으로써 모든 불경건과 경건에 대한 조롱을 억누르려는 의도가 있다. 다른 편으로 경건 훈련을 빌미로 삼아 그런 훈련이나 모임이 오류, 스캔들, 분열과 수치를 일으키고 공적 질서나 목사들을 향해 무시하는 것을 막기 위함이다. 이런 짓거리는 성령이 아니라 육신의 사역이며 진리와 화평을 저항하기 때문이라고 한다.

개혁교회 목사들과 가정예배 지침서

잉글랜드의 청교도 설교자 리처드 박스터(Richard Baxter; 1615-91)는 가난한 가정을 위한 교리서를 저술한다. 이 책은 교사와 청자(聽者)가 8일 동안 나눈 대화 형식체이며, 짧은 교리서, 다양한 기도문과 주일에 부를 시편과 찬송을 담고 있다. 그는 부유한 교인이 이 책을 구입하여 경제적으로 어려울 뿐만 아니라 긴 노동시간으로 인하여 가정 기도회를 갖지 못하는 교인에게 전달할 것을 촉구하였다.[12] 이 책이 넓게 호응을 얻자 박스터는 가정기도회를 인도할 가장을 위한 지침서인 가정교리문답서를 작성하여 복음의 요체, 사도신경, 주기도문, 십계명, 목회사역, 세례, 성찬 등을 간략하게 설명한다.[13] 박스터는 매주 두 차례, 곧 월요일과 목요일 오후에 일곱 가정씩을 목사관으로 초청하여 개별적인 교리교육과 대화를 가졌는데, 초청을 거부하는 가정은 없었다. 한 시간 가량 교리문답을 암송하게 하고 그 내용의 이해를 확인하고 설명하고 삶까지 확인하였다. 이들의 무지나 부끄러움을 고려하여 다른 이들은 동석하지 못하게 하였다. 그리고 대부분의 가정들이 감사의 눈물을 흘리면서 떠났다고 증언한다.[14] 그는 가정기도회는 하나님께서 제정하신 제도라고까지 말한다. 즉 가정은 작은 교회이기 때문이다. 한두 시편 찬송, 성경 한 장 낭독, 가장이 내용을 골고루 갖춘 기도로 이루어진다. 1701년에는 어머니가 집에 아이들에게 초보 교리교육을 시킬 수 있는 작은 책을 쓴다. 이 소책자는 어머니와 아이가 편한 대화 형식으로 교리를 이야기하도록 배려하였다.[15]

잉글랜드의 장로교 목사 매튜 헨리(Matthew Henry; 1662-1714)도 가정기도회를 권장하고 지침서를 썼다. 그는 청교도의 전통을 따라 가정기도회의 중요성을 설명하고, 성전 제사에서 나온 아침과 저녁 기도회를 강조한다. 이 기도회는 왕 같은 제사장들이 행한 영적 찬송으로 보았다.[16] 섭리 신앙에서 아침마다 인도를 간구하고 저녁에는 인도를 감사하는 기도로 마친다. 그는 가정기도회를 위하여 아침기도문과 저녁기도문을 작성하였고, 주일 아침과 저녁기도문을 별도로 작성하였다. 특이하게도 그는 부모가 자녀들을 위한 기도문도 싣고 있다.[17]

미국에서는 장로교 목사 알렉산더(J.W. Alexander; 1804-59)가 가정기도회의 의미와 중요성을 환기시켰다. 그는 웨스트민스터 고백서, 스코틀랜드 장로교회의 가정예배모범을 따라 개혁교회는 하루 두 차례의 가정기도회를 경건생활의 기초로 보았다고 강조한다. 특히 언약에 기초한 가정 경건과 기도회는 중요하다고 말한다. 그런데 19세기에 가정예배가 쇠퇴하기 시작하였다고 한탄한다. 특히 영국과 미국교회들과

는 달리 유럽대륙의 개신교회들에서 두드러지게 나타난다는 것이다.[18]

고신교회와 가정기도회

놀랍게도 한국에서 고신교회도 개혁교회의 전통을 따라 개혁자들과 스코틀랜드 장로교회의 전통을 따라 공예배의 근간을 바로 세우고 공예배에 기초하여 매일 가정기도회를 가질 것을 말하고 있다. 이 얼마나 기쁘고 자랑스러운가!

> 제29조 (기도의 의무)
>
> 교회 내에서 공예배를 드리는 것 외에 개인이 은밀히 기도하는 것과 가족이 사적으로 하나님께 경배하고 기도하는 것은 반드시 해야 할 신자의 당연한 의무이다. 은밀한 기도는 그리스도께서 명백하게 명령하신 것이니 사람마다 시간을 정하여 기도하며, 성경을 읽으며, 거룩하게 묵상하며, 엄숙히 자기를 살피며, 진실한 마음으로 행하는 사람들에게 유익이 많다는 사실을 알려야 한다.
>
> 4. 가정기도회
>
> 가정기도회는 신자의 당연한 의무이므로 가정마다 행할 것이니 매일 성경을 읽고, 기도하며, 찬송함으로 행할 것이다.[19]

가정예배의 유익

종교개혁의 열기 가운데 과격한 방법으로 개혁을 완결시키려던 재세례파와는 달리 개혁교회가 가정예배를 강조하고, 구체적인 면면까지 상세하게 정리하여 공적인 문서로 남긴 것은 놀라운 일이다. 개혁교회는 루터교회나 재세례파와는 달리 일찍부터 정교분리를 추구하면서 영적인 사안에 대한 책임을 교회에 있다는 것을 고백하고 실천하였다. 개혁교회는 언약에 기초한 부부관계와 가정을 확립하여 교회와 가정 그리고 사회의 개혁까지 추구하였다. 이런 관점에서 보자면 개혁교회는 공예배와 가정예배를 통하여 삼위 하나님께로부터 하늘에 속한 모든 신령한 복을 받아 가정에서 먼저 실천하고 말씀을 따라 사회를 변화시키고 개혁하려는 가장 확고한 신앙 체계였다. 이에 반하여 루터교회는 영적 치리권을 영주에게 임시로 맡겼다가 그대로 고착시켰고, 재세례파는 혁명에 가까운 방식으로 기존 질서를 전복하거나 아예 현실로부터 도피하는 비폭력주의를 표방하여 세상의 개혁을 지향하지 못하였다. 이런 점에서 우리 고신교회가 개혁교회의 가정예배의 전통을 이어받은 것은 하나님께서 베푸신 큰 복이다.

그런데 한국교회에서는 전반적으로 가정예배가 명맥을 겨우 유지하고 있다. 스코틀랜드 장로교회가 상세하게 정리한 방식으로 가정예배를 그것도 매일 아침에 드릴 수 있는 가정이 얼마나 될까. 이미 이런 고전적인 가정예배를 전수받은 적이 없는 한국교회로서는 너무나도 벅찬 요구로 들릴 것이다. 그렇지만 무엇보다도 성인위주의 신앙생활이 정착된 한국교회의 상황에서 언약에 기초한 가정예배가 애초부터 자리 잡기가 어려웠겠다고 짐작할 수도 있다. 너무나 복잡한 현대 생활에서 어쩌면 이런 가정예배는 한적한 시골에서나 가능할 것이라고 대꾸할 수도 있다. 그렇지만 우리는 어떤 순간에도 우리 믿음을 따라 삶의 우선순위를 정하고 따라야 한다. 가정을 제정하신 하나님께서 생육과 번성의 터전인 가정을 통하여 지금도 여전히 종말을 향하여 일하고 계신다면, 우리는 부부와 자녀로 구성된 가정의 경건을 위하여 가정예배를 새롭게 시도하고 회복해야 하는 사명을 인식해야 한다.

한나의 남편 엘가나는 매년 실로로 가서 여호와께 예배하며 제사를 드렸다(삼상 1:3). 말하자면 공예배에 참석하였다. 그때 한나는 여호와께서 아들을 주시면 그를 여호와께 바치겠다고 서원한 대로 실행하였다(1:11, 24-28). 그런데 제사장 엘리의 두 아들 홉니와 비느하스는 제사 제물인 고기를 태워 바치기도 전에 탈취하였고(삼상 2:12-17), 심지어는 회막 문에서 수종드는 여인들과 동침까지 하였다(삼상 2:18). 이런 가운데서도 사무엘은 여호와와 사람들에게 은총을 더욱 받았다(삼상 2:26). 불레셋과 전투에서 언약궤를 탈취 당하고 엘리의 두 아들은 전사한다(삼상 4:3-11). 엘리는 이 소식을 듣고 넘어져 목이 부러져 죽고(삼상 4:12-18), 비느하스의 아내는 이런 형편에서 아들의 이름을 이가봇, 곧 하나님의 영광이 이스라엘에서 떠났다고 하였다(삼상 4:19-22). 그러나 여호와께서 자기를 사무엘에 나타내시고 그와 함께 계셔서 그의 말이 하나도 땅에 떨어지지 않게 하심으로 온 이스라엘이 그가 선지자로 세우심을 알았다(삼상 3:19-21).

두 가정의 가정교육의 승패는 말씀과 부모의 순종에 있다. 엘리는 영광스러운 제사장임에도 불구하고 두 아들의 가정 신앙교육에 실패했다. 두 아들이 여호와께 범죄하여 누구도 그들을 위하여 간구할 수 없는 상황인데도(삼상 2:25), 엘리는 그들이 전쟁터에 언약궤를 가져가는 것을 막지 못하였다. 공적 제사장이면서도 가정에서 사적 제사장인 엘리는 불순종하며 무책임한 가장의 모습을 보였다. 반면에 한나는 무자하여 설움에 쌓인 한갓 여인이었다. 그러나 서원을 따라 갓 젖을 뗀 아들을 엘리에게 데려가고 여호와께 바치는 모습에서 그는 언약의 하나님께 약속을 지키고 순종하는 모범적인 한 어머니요 성도이다. 사무엘이 회막에서 자라가면서 하나님과 사람의 칭찬을 받고 나아가 여호와의 말씀을 직접 들었다(삼상 2:25, 3:21). 우리는 여기서 태교(胎敎)의 중요성을 본다. 굳이 남편 엘가나가 가정예배를 인도하였는지를 추적할 필요도 없고, 한나가 태교를 하였는지도 성경이 기록하고 있지는 않지만, 하나님의 영이 설움에 사무친 한 여인과 그 가정을 서원과 태교를 사용하셨음을 고백할 수 있다.

이처럼 가정은 인간이 경험하는 첫 사회이다. 가정은 창조의 제도로서 여전히 중요하며, 부부와 자녀는 가정에서 하나님 경외를 가르치고 배우고 실천한다. 죄로 인하여 하나님께서 교회를 제정하셨고, 그리스도께서 자기 피로 교회를 사셨지만(행 20:28), 동시에 가정과 구성원인 가족까지 속량하셨다(행 16:31). 예수님은 개인의 영혼만을 구원하시지 않고 자기 백성을 저희 죄에서 구원하셨다(마 1:21). 예수님의 구원 사역은 전체적이며 전인적이다. 이 점에서 개혁교회의 선배들이 공예배를 중시하고 소집회모임을 거부한 것은 성경적이며 지당한 영적 지혜의 결론이다. 무엇보다도 가정예배는 하나님께서 타락 이전에 제정하신 부부 관계와 가정의 원래 목적을 이루는 제도이다.

가정은 최후의 보루가 아니라 최전선 망대이다. 교회는 언약을 가르치고 언약에 기초하여 건강한 가정을 이루도록 애써야 한다. 목회의 가장 중요한 우선순위가 일차적 언약 공동체인 가정이며, 가정예배는 언약의 첫 실천 현장이요 세칙이다.

가정예배의 유익을 십계명을 따라 정리하며 적용하여 보자. 첫 돌판은 부모가 가정에서 하나님 여호와 경외를 가르쳐야 한다고 명령한다(신 4:10). 우리를 죄의 종되었던 집에서 인도하여 내신 삼위 하나님만을 섬기도록 가정예배에서 가르치고 배운다. 가정의 제사장인 가장부터 성령님의 도움과 지혜로 첫 계명을 가정 안팎에서 바르게 지켜야 한다. 그러면 두 번째 계명도 잘 지킬 수 있을 것이다. 엘리의 두 아들은 여호와의 제사를 멸시하면서도(삼상 2:17), 언약궤를 전쟁터로 가져갔지만(삼상 4:4), 여호와는 그들과 함께 하시지 않으셨다. 함께 하시겠다(출 3:12-14)고 약속하신 여호와께서 그들과 함께 가시지 않은 것이 아니라 이미 두 아들이 여호와를 떠났고 그들의 본을 따라 이스라엘도 범죄하였기 때문이다(삼상 2:24). 가정예배에서 우리는 하나님을 우상으로 바꾸고 있지 않는지를 잘 배워야 한다. 세 번째 계명처럼, 우리는 우리를 만드신 삼위 하나님의 이름을 헛되이 부르거나, 그 이름을 모독하지 말아야 한다. 이는 엄중한 일이니, 가정예배에서 부모는 자기 이름을 이어받은 자녀들이 이보다 앞서 하나님의 이름을 몸에 지닌 자로서 부모의 가정에 태어난 하나님의 대사(大使)임을 각인시키고, 언제 어디서나 삼위 하나님의 이름에 걸맞은 처신을 하도록 가르쳐야 한다. 네 번째 계명은 지키기 쉬우면서도 너무나 쉽게 무시하는 경우가 많다. 안식하는 날은 공예배를 위하여 주께서 베푸신 날

이니, 공예배를 중심으로 삼아 집중하고 이를 방해하는 모든 일들이 있다면 손해와 핍박을 당하면서도 제거하여야 한다. 굳이 유대인들을 따를 필요는 없지만, 주일에 필요한 것들은 전날인 토요일에 미리 준비하고 몸과 마음을 단정하게 하며 기도로 공예배를 통하여 주실 은혜를 사모하도록 가정예배에서 가르쳐야 한다.

이제 두 번째 돌판을 살펴보자. 제 5계명부터 시작하여 부모 공경, 생명의 중시(6), 침상의 정결(7), 이웃의 소유 인정과 보호(8), 이웃의 명예 존중(9), 맘의 욕심을 근원적으로 제거(10) 등, 이 모든 것들은 가정예배를 통하여 말씀으로부터 배우고 삶의 현장인 주위 환경에서 사안별로 응용하는 훈련을 가정예배를 통하여 가르치고 배워야 한다. 살인과 성적 음란, 재물 갈취와 재산과 관련된 온갖 부정부패, 서로 괴롭히고 발뺌하기(최근의 '미투' 현상), 각양 욕심으로 이웃을 해코지하려는 꾀와 계략, 이것들을 손 안의 스마트폰으로 누구나 다 알고 댓글도 다는 세상, 우리는 우리 세대뿐만 아니라 다음 세대가 믿음을 어떻게 지킬 수 있을지 정말로 걱정스러운 위기의 시대를 살고 있다.

스마트폰이 대중화되고 급우나 친구들이 다 소지하고 있는 때에 내 아이에게 스마트폰을 쥐어주지 않을 수가 없는 시대이다. 이 문명 기기의 이점과 폐단을 누구보다 미리 더 잘 알았던 마이크로소프트 (MS) 창업자인 빌 게이츠는 "세 자녀의 스마트폰 사용을 엄격히 통제하고 있다."면서 "자녀가 14세가 될 때까지 스마트폰 사용을 금지하고 식탁에서는 스마트폰을 사용할 수 없도록 한다. 또 취침 전에도 (스마트폰 등) IT기기를 사용할 수 있는 시간을 제한했다."고 말했다. 또한 구글(Google)의 회장이자 최고 경영자인 에릭 슈미트(Eric Schmidt)도 2009

년 펜실베이니아 대학 졸업 축사에서 "컴퓨터를 끈다, 휴대전화도 꺼라, 그러면 주위에 사람들이 있다는 것을 발견하게 될 것이다. 첫발을 떼는 손자, 손녀의 손을 잡아주는 것보다 더 소중한 순간은 없다."고 말했다. 이러한 글로벌 'IT 업계 CEO'들의 주장은 오늘날 컴퓨터 중독, 스크린 중독에 빠져 심각한 증세를 일으키는 사람들이 많아졌음을 경고하면서 스크린이 주는 제한적 편리함보다 현실세계에서 얻는 경험이 더 소중하다는 사실을 일깨워주고 있다. 그러나 우리는 이런 세계적 기술 창업자보다 더 지혜롭고 우리를 사랑하시는 하나님께서 제정하신 가정예배를 회복하여 자녀들을 태교부터 시작하여 매일 그분의 말씀과 성령으로 양육하면, 문명을 기피하지 않으면서도 지배하는 방식으로 사용하여 하나님의 법을 어기지 않고 영광을 돌릴 수 있는 다음 세대를 양성할 수 있을 것이다.

우리 자녀는 두 번째 돌판의 명령을 지키기 위하여 때로는 학교 교육을 받으며 직장생활과 혼인생활에서 실제로 이웃을 사랑할 기회를 갖는다. 예수님께서는 모든 율법과 계명을 사랑으로 정리하셨다. "네 마음을 다하고 목숨을 다하고 뜻을 다하여 주 너의 하나님을 사랑하라 하셨으니 이것이 크고 첫째 되는 계명이요 둘째는 그와 같으니 네 이웃을 네 몸과 같이 사랑하라 하셨으니 이 두 계명이 온 율법과 선지자의 강령이니라"(마 12:37-40) 그리고 사랑을 실천하도록 하나님께서 먼저 그리스도 안에서 우리를 사랑하셨다(요일 4:7-11). 언약 공동체인 가정은 사랑 공동체이다. 교회에서 공예배 중에 사랑의 선포를 듣고, 가정에서 부부가 사랑을 실천하며 부모가 자녀를 사랑하고 사랑을 받은 자녀들이 다시 부모를 공경하며 하나님과 이웃을 사랑하는 훈련은 가정에서만 가능하며, 이를 위하여 가정예배가 있다.

그렇지만 안타깝게도 때로는 집안 식구가 원수이다(마 10:36). 예수님께서 복음 때문에 일어나는 집안 식구간의 반목과 분열을 말씀하셨다. 이와는 경우가 전혀 다르게 부부가 원수로 지내거나, 자식이 생선을 달라고 하는데 전갈을 주는 아비가 있으며(눅 11:12), 부모를 공경하지 않고 박대하는 자식들이 속출하고 있다. 현대라는 미명하에 공동체가 해체되면서 사회 전체가 곳곳에서 건강하지 못하다. 존속 살인은 다반사이고 형제가 유산을 두고서 법정 소송을 불사하며, 근친상간도 심심찮게 나타난다. 이 또한 가정에서 부모가 말씀과 계명을 지키며 자녀들에 본을 보이면서 미리 가르칠 때에 다 극복할 수 있다. 그러면 이들은 이 땅에서 다음 세대를 정화시키는 개혁자들이 될 것이다.

가정예배에서 기도생활도 배울 수 있다. 한국교회의 공기도를 들어보면, 공기도의 내용이 점점 빈약해지고 있다. 기도를 교회에서도 배우지만, 가정예배에서도 배워야 한다. 기도는 위에서 언급하였듯이, 하나님의 말씀과 약속을 받은 이들이 그것을 감사하며 순종하는 중에 말씀과 약속을 이루신 하나님께 되돌려드리는 것이다. 하나님의 약속과 복을 삶에서 체험하지 않고 어떻게 돌려드릴 수 있겠는가? 가정예배는 기도의 학교다!

언약 공동체인 가정의 회복이 절실하다. 젊은이들은 이 세대를 본받지 말고 오직 마음을 새롭게 함으로 변화를 받아 하나님의 선하시고 기뻐하시고 온전하신 뜻이 무엇인지 분별해야 한다(롬 12:2). 그렇다면 속히 혼인하고, 비혼의 이기심을 부부의 삶으로 폭로하고 생육과 번성으로 정복해야 한다. 가정의 회복, 교회와 목회, 가정과 부모의 책임이다. 가정과 가정예배가 건강하며, 교회도 부흥하고 인구절벽을 맞이한 조국의 장래도 가정예배로 단단해진 성도의 가정과 자녀들이 책임지고 승리할 것이다. 이런 방식으로 전도도 이루어지며 이 땅에 하나님나라가 왕성할 것이다.

2장

가정예배, 어떻게 할 것인가?

목회적 접근

임경근

가정예배, 어떻게 할 것인가?
목회적 접근

임경근 목사[*]
(다우리교회)

어떤 분이 한국 복음주의교회의 상황을 '산토끼와 집토끼 이야기'로 비유했다. 한국교회는 산과 들로 나가 부지런히 산토끼를 잡아 집토끼로 만들었다. 그러나 정작 교회 속 성도의 자녀인 집토끼가 산과 들로 나가 집에 들어오지 않고 산토끼로 변하는 상황이 벌어지고 있다. 수많은 소위 '가나안 성도'가 양산되고 있는 것이 그 방증이다. 언약의 자녀들이 교회를 등지고 세상으로 도망치고 있다. 결국 한국 복음주의교회는 '산토끼 잡으려다 집토끼마저 잃어버린 상황'에 처하고 말았다. 교회가 점점 힘을 잃고 수적으로 줄어드는 이 거대한 흐름

[*] 네덜란드 캄펜(Kampen)과 아펠도우른(Apeldommrn) 신학대학원에서 공부하였으며, 현재 다우리교회(용인) 담임목사이며, 고려신학대학원 외래교수이다. 저서로는 『교리와 함께 하는 365 가정예배』(세움북스, 2015), 『개혁신앙, 현대에 답하다』(SFC, 2017)가 있다.

을 어떻게 막을 수 있을까? 무슨 방법을 써도 백약이 무효한 교회의 현실에서 우리는 근본적 기초에서부터 그 원인을 분석해 볼 필요가 있다. 결론부터 말하면 이 글은 그 원인을 가정에 찾고 가정의 신앙교육과 훈련의 부재가 이런 심각한 한국교회의 문제를 낳고 있다는 것에 초점을 맞출 것이다. 그 가운데 특별히 가정예배의 부재가 한국교회 성도들의 가정을 상당히 부실하게 만들고 있음을 증명할 것이다. 마지막으로 한국교회의 문제를 해결할 대안으로 '가정예배'의 실제를 소개한다.

참고로, '가정예배'라는 용어보다는 '가정기도회' 혹은 '가정경건회'라고 부르는 것이 더 원리적으로 맞지만, 이미 일반화된 용어인, '가정예배'를 그대로 사용한다.

개신교회의 위기와 대안

한국 복음주의교회는 전도를 강조하고 영혼구원에 열심이다. 그 결과 놀라운 교회성장도 이루었다고 자평한다. 한국에는 5만개가 넘는 개신교회가 있다. 그러나 다른 한편 한국 복음주의교회는 10여 년 전부터 엄청난 위기를 맞고 있다. 연평균 1,200개씩 개척교회가 세워지고 있지만, 교인은 줄어들고 있는 기이한 현상이 나타나고 있다.

한국 복음주의교회가 직면한 위기의 원인 가운데 하나는 가정에서 신앙이 다음 세대로 전달되지 못하고 있다는 사실이다. 부모가 자녀들에게 신앙을 전수하지 못하고 신앙훈련을 시키지 않음으로 성인이 된 후 아이들이 가정의 울타리를 벗어나면서 교회를 떠나는 경우가 속출하고 있다. 이러한 상황을 인식하는 순간 이미 그 결과를 바꾸기에는 늦다. 미국의 보스톤 지역의 한인 이민 교회의 2세들이 대학을 졸업하고 직장을 가진 후 90%가 신앙을 버리고 교회를 떠나가고 있다는 통계는 심각한 문제가 아닐 수 없다.[1] 한국 교회도 상당히 심각한 현실을 맞고 있다. 유치부, 유년부, 초등부, 중등부, 고등부, 대학부로 올라가면 올라갈수록 교회 이탈률이 점점 높아지고 있는데 이것을 어떻게 할 것인가? 지금 교회는 이에 대한 아무런 대책을 내놓지 못하고 있는 실정이다.

어떤 사람들은 교회에 충성하기 위해 가정을 희생해야 한다고 주장한다. 가정에서 자녀양육과 신앙교육에 충실하도록 격려 받지 못한 성도들은 가정사역보다 교회사역을 더 좋아한다. 가정에 머물며 자녀를 돌보는 것보다 교회에서 보람 있고 남들이 알아주는 사역을 하는 것이 훨씬 의미 있고 보람 있어 보인다. 사실 가정에서 자녀를 양육하는 것보다 교회사역이 훨씬 재미있고 결과가 금방 나타나기 때문에 매력 있어 보이는 것도 사실이다. 이런 경향은 결국 가정과 가정에서의 신앙교육의 부실로 이어진다. <u>가정에서 감당해야 할 신앙교육의 부재로 자녀들에게 신앙적 문제가 발생하면 되돌리기에 늦다.</u> 자녀가 교회에 나가지 않겠다고 노골적으로 표현하기 시작했을 때는 부모가 할 수 있는 것이 별로 없다. 회유와 협박이라는 방법을 모두 사용해 보지만 별 효과가 없다. 결국 부모는 자녀의 신앙교육을 완전히 포기한다. 그런 부모는 더욱 더 교회 사역에 정진(精進)한다. 주의 일을 열심히 하면 주님이 자녀의 신앙문제를 해결해 주실 것이라는 믿음을 더 굳게 갖는다. 교회 지도자들은 부모가 교회에서 충성하면 주님이 자녀를 책임져 주실 것이라는 면죄부를 준다. 부모의 기도가 부족하고 교회에 대한 충성도가 적기 때문에 자녀에게 신앙문제가 발생한다는 죄책감을 갖도록 한다.

언젠가 한 교회에서 100명을 대상으로 설문 조사를 했다. '자녀교육의 주체는 누구입니까?'라는 질문에 대한 선택지문으로 교사, 부모, 하나님, 학원 강사, 과외교사가 있었다. 그런데 자녀교육의 주체가 하나님이라고 대답한 사람이 50%가 넘었다. 신앙이 좋은 대답이라고 평가하고 싶지만 사실은 그렇지 않다. 인간이 하는 모든 일의 궁극적 원인자는 하나님이지만, 이 세상에서 하는 일의 주체와 책임자는 인간이다. 자녀교육의 주체는 부모이지 하나님이 아니다. 많은 사람들은 이런 착각을 한다. '내가 하나님의 일을 열심히 하면 하나님께서 내 자녀의 신앙을 책임져 주실 것이다.' 정말 그런가? 곰곰이 생각해 보면 모순을 금방 발견할 수 있다. 하나님의 일은 하나님이 하신다. 인간은 자신에게 맡겨진 일을 해야 하지, 그 영역을 넘어가지 말아야 한다. 그것은 하나님이 하실 일이다. 인간은 자신이 맡은 일을 하고 그 일을 책임져야 한다. 신자가 자신이 맡은 일을 게을리 하면서 하나님의 일을 하겠다고 열심 내는 것은 자칫 옳아 보이기도 하지만, 실제로는 자신도 속는 오류이다.

교회의 지도자는 부모가 가정에서 자녀를 양육하고 신앙교육하는 것보다 교회 주일학교에서 교사로 섬기며 전도하는 데 더 주력하고 헌신할 것을 요구하는 경향이 있다. 물론 가정에서 잘 하지 않으니, 교회에서라도 열심내야 한다는 의도일 것이다. 하지만 가정에서의 부모의 역할을 잘 하도록 격려하지 않고 교회로만 불러낸다면 문제를 해결하기 보다는 더 악화시킬 수밖에 없다. 방과 후 집에 돌아 온 자녀를 돌보기보다 학교 앞에서 다른 아이를 전도하는 데 충성을 다하는 것이 마냥 좋기만 한 것일까? 가정에서 자녀는 방치되고 뒷전으로 밀려나기 쉽다. 그러니 신앙교육이 제대로 이루어질리 없다. 마침내 부모들은 이런 고백을 하기에 이르렀다. "내 자식 신앙교육해 예수 믿게 하는 것보다 다른 아이 전도해 예수 믿게 하는 것이 훨씬 쉽다." 가정에서 내 아이 데리고 가정예배 하는 것보다 주일학교에서 다른 아이 가르치는 것이 훨씬 쉽다고 느낀다. 참으로 안타까운 상황이다. 자녀의 신앙에 문제가 생겨 신앙교육을 하지 못한 것을 후회할 때는 이미 늦다. 교회 지도자들의 가르침이 절실히 필요한데 교회의 관심은 수적인 성장에만 집중되어 있고 눈에 보이는 행사에 모든 에너지가 쏠리고 있다.

이제 개혁신앙을 통해 이런 교회의 분위기와 부모의 자세에서 벗어날 때가 되었다. 바울은 이렇게 말하고 있다.

> 누구든지 자기 친족 특히 자기 가족을 돌아보지 아니하면 믿음을 배반한 자요 불신자보다 더 악한 자니라 (딤전 5:8)

무엇보다도 자녀의 신앙교육은 부모 자신이 책임져야 한다. 한 영혼은 천하보다 귀하다. 자녀의 신앙교육과 양육을 위하여 모든 것을 투자해야 한다. 히브리서 기자는 노아의 믿음에 대해 이렇게 서술한다.

> 믿음으로 노아는 아직 보지 못하는 일에 경고하심을 받아 경외함으로 방주를 예비하여 그 집을 구원하였으니 … (히 11:7)

노아가 방주를 열심히 만들었지만 그 결과는 고작 자신과 가족을 구원한 것이었다. 그렇지만 그 일은 인류 역사에서 귀한 사역으로 평가 받고 있다. 여호수아가 모든 백성들을 향하여 신앙적인 도전을 줄 때 했던 말도 가정의 신앙적 결단이 중요하다는 것을 보여 준다.

> … 오직 나와 내 집은 여호와를 섬기겠노라 (수 24:15)

부모가 가정에서 자녀의 신앙교육을 위하여 시간과 정열을 투자하는 것은 매우 값진 일이다. 가정은 하나님이 인간에게 주신 보금자리일 뿐만 아니라 가장 좋은 교육의 장이다.

그러면 자녀의 신앙교육을 위해 무엇을 해야 하는가? 그 대안은 무엇인가? 이 글에서는 그 대안 가운데 하나를 구체적으로 소개하려 한다. 특별히 개혁신앙(Reformed Faith)은 이 점에서 어떤 대안을 가지고 있는가?

알려진 바에 의하면 개혁신앙을 따르는 자들은 전통적으로 가정에서 신앙교육을 하는 데 대단한 노하우를 가지고 있다. 유대인 다음으로 자녀의 신앙교육에 열심인 교회가 바로 개혁교회라고 한다. 개혁교회는 일찍이 가정예배를 중요하게 생각하고 실행하고 있다. 필자는 1994년부터 네덜란드 개혁교회 공동체에 속해 있으면서 매일 하루 세 번 식사 후 가정예배를 드리는 것을 배웠다. 한국에 돌아와 바쁜 그리스도인 가정에 가정예배를 소개할 자신이 없었다. 매일 가정예배를 한 번 이상 드리는 것이 부담스럽고 짐이 될 거라 생각했다. 그러나 한국 성도들의 신앙교육이 너무나 심각하다는 것을 뼈저리게 느끼고 그 열악한 상황을 발견하고부터는 오래 전부터 가정예배가 자녀에 대한 신앙교육의 최선의 방법이라고 전하고 다닌다. 필자가 일했던 샘물기독학교의 학부모들에게도 가정예배를 꼭 드리도록 권장했다. 가정예배에서 사용할 수 있는 '이야기 어린이 성경'을 출판했다. 아내가 번역한 『두란노 이야기 성경』(두란노키즈 2009)이 그것이다. 2014년에는 『교리와 함께 하는 365 가정예배』(세움북스 2014)를 출판했다. 2011년 교회를 세워 목회하고 있는 다우리교회 성도들도 매일 가정에서 가정예배를 통해 자녀들을 신앙으로 양육하도록 권고한다. 심방에서 가정예배를 잘 하고 있는지를 묻고 권면하는 것이 목사와 장로의 심방 사역 가운데 하나이다.

이 글에서는 신앙교육의 한 방법으로 개혁신앙이 잘 간직하고 이어오고 있는 가정예배를 생각해 보고자 한다. 가정예배는 교회역사가 증명하는 자녀에 대한 좋은 신앙교육 방법이며 개혁신앙의 좋은 유산이다. 이 글에서 그것을 증명하고 오늘 한국교회가 이 개혁신앙의 전통을 이어가기 원한다.

잃어버린 보물, 가정예배!

교회 안의 구역이나 소그룹 모임에서는 모일 때마다 성경을 보며 기도하며 찬송하며 예배를 드린다. 그런데 왜 매일 만나는 최고의 소그룹 단위인 가정에서는 가정예배를 하지 않는가? 세상에서 가장 친밀한 단위인 가정에서 함께 성경 읽고, 찬송하고 기도하는 가정예배를 하지 않는 것은 이상하지 않은가?

최근 한 설문 조사에 의하면 한국 기독교인들의 92.8%가 가정예배를 매일 드리지 않는다고 한다.[2] 아예 가정예배를 드리지 않고 있는 가정은 33.4%이고 연중행사로 드리는 가정이 36.8%이다. 나머지는 한 달에 1~4번 드리는데 22.5%가 이에 해당된다. 한국 교회는 세계 기독교 역사에서 유래를 찾아보기 힘들만큼 놀라운 성장을 이루었다. 더구나 교회 생활(예배, 전도, 봉사)에 열심이고 기도에 열심이다. 하지만 가정예배에 있어서는 좋은 점수를 받지 못한다. 가족이 기도와 찬송, 하나님의 말씀으로 하나 되는 가정예배 시간을 잃어버렸다.

가정예배는 하늘에서 내려오는 값진 보물을 받는 시간이다. 하늘에서 내려오는 신령한 음식을 매일 먹을 수 있는 시간이다. 하늘 음식을 서로 나누며 기쁨을 나누는 시간이다. 온 가족이 말씀 안에서 가장을 중심으로 하나 됨을 경험하는 시간이다. 슬픈 일과 기쁜 일을 서로 나눌 수 있는 대화의 시간이다. 그러나 한국교회는 이 소중한 가정예배를 잃어버렸다. 심지어 그것을 강조하지도 않는다. 더 큰 문제는 가정예배를 귀한 보물로 생각하지 않는 것이다. 그러니 당연히 그

보물을 소유하려는 마음도 없다. 가정예배는 귀찮고 없어도 되는 것으로 간주한다.

가정예배의 중요성

교회의 지도자인 목사가 교회에 충성하다보면 대체로 가족을 돌보는 일을 등한히 하기 쉽다. 대개 훌륭한 목사는 교회를 위해 가정을 희생하는 것을 당연한 미덕으로 여긴다. 하지만 이런 화려한 사역의 뒷면에는 어두운 면도 있다는 것을 간과하지 않아야 한다. 상당히 많은 경우 목사의 자녀들이 신앙적으로 어려움을 겪는다. 또 아내는 자기 남편이 유명한 목사이기보다는 오히려 보통의 자상한 남편이기를 원하고, 목사의 자녀들도 아버지가 잘 나가는 목사이기보다는 평범하지만 다정한 아버지이기를 바란다.

개신교회는 로마교회가 성직자들의 독신주의를 발전시키고 결혼보다는 독신으로 사는 것을 더 복된 것으로 가르친 것에 반대했다. 종교 개혁가들은 대부분 결혼했고 아이를 낳고 아름다운 가정을 이루었다. 루터의 아내는 수녀원 출신인 수녀였고, 칼빈의 아내는 재세례파 미망인이었다. 종교 개혁가들은 가정의 중요성을 회복시켰다. 태초에 하나님께서 가정을 만드셨음을 발견한 것이다. 사실 가정은 기원에 있어서 교회보다 앞선다. 가정은 태초에 하나님께서 창조하신 기초 사회 단위이다. 그러므로 가정은 인류 역사에서 가장 오래된 기관이며 제도이다. 아담과 하와는 에덴동산에서 최초의 가정을 이루었다. 가정은 스스로 만드는 것이 아니라 하나님이 언약 가운데 만들어 주신 선물이다. 결혼은 하나님과의 언약이고 부부 간의 언약으로 맺어진다. 자녀도 부부관계를 통해 생겨나지만 이 생명은 하나님으로부터 기원한다. 그러므로 가정은 사회적 계약에 의한 결과물이 아니라 하나님의 은혜의 선물이다. 성경에는 기록되어 있지 않지만 아담과 하와는 에덴동산에서 가정예배를 드렸을 것이다. 예배란 하나님의 말씀을 듣고(성경읽기) 하나님께 말씀드리고(기도), 그 분에게 영광을 돌려드리는 것(찬송)이니 이것을 그들이 했을 것이라고 충분히 상상할 수 있다.

본래 주일 예배도 몇 번을 드려야 하는지, 새벽기도회를 매일 해야 하는지, 수요 기도회를 해야 하는지에 대해 성경은 구체적으로 말하지 않는다. 성경은 그런 것에 대해 침묵한다. 단지 성경의 기본원리로부터 형식과 모양을 유추하여 구체화 할 뿐이다. 교회의 예배와 형식은 역사 속에서 고착화되거나 변하고 있다. 교회의 예배나 기도회는 그 형식이 기록에 남아 있지만 가정예배는 그렇지 않다. 그저 습관이나 구전으로 전해진 것들이 대부분이다. 그 유익에 있어서도 어떤 결과를 낳았는지 알기가 어렵다. 장로교회에서는 가정예배가 '가정기도회'라는 이름으로 '관리표준' 아래 '예배지침' 제8장에 '기도회'라는 항목에 나오지만, 이것을 알고 실천하거나 가르치는 경우가 희귀하다. 그 내용은 다음과 같다.

> 가정기도회는 신자의 제1차적인 의무인바 가정마다 행할 것이니 매일 성경을 보며, 기도하며, 찬송함으로 행할 것이다.

여기서 '가정기도회'는 '가정예배'를 말한다. 다시 말하면 가정예배는 매일 행해야 할 성도의 필수적인 요소라고 선언하고 있다. 그런데 한국 개신교 교인들의 가정은 어떤가? 개신교 가정의 4%만이 매일 가정예배를 드리고 있다고 한다. 목사도 교회에서 이 점에 대해 강조하지 않고 적극적으로 가르치지 않는다. 신앙이 좋은 부모도 가정에서 자녀들과 함께 가정예배를 드리지 않는 경우가 대부분이다. 이 중요성에 대해 알고 실천하는 사람들은 아주 극소수에 불과하다.

가정예배를 하지 않는 이유

한국교회가 종교개혁의 전통인 가정예배를 하지 않는 이유는 무엇일까? 여러 가지가 있을 터인데, 세 가지 관점에서 살펴보려고 한다. 첫째는 역사적 이유이다. 둘째는 신학적 이유이다. 셋째는 사회문화적 이유이다.

역사적 이유

한국교회가 가정예배를 하지 않는 이유는 한국에 복음을 전해 준 미국 교회의 역사와 무관하지 않다. 미국 교회는 유럽 대륙에서 건너간 청교도들과 장로교인과 개혁교인들에 의해 세워졌다. 그들은 종교개혁자들이 물려준 유산인 가정예배를 철저하게 지켰다. 특히 제1차 대각성 운동이 시작되었던 18세기는, 가정예배의 회복과 밀접한 연관이 있다. 영적 대각성을 이끈 테넌트(Tenant) 부자(父子)도 가정예배의 회복을 부흥의 원인과 결과로 보았다. 뿐만 아니라, 조나단 에드워드(J. Edward, 1703-1758)와 조지 휫필드(G. Whitfield, 1714-1770)도 가정예배의 중요성을 역설했다. 조나단 에드워드는 '가정예배가 중요한 은혜의 수단'이라고 보았다. 휫필드도 "모든 가정의 가장은 자신을 예언자로 인식해야 하고 따라서 기꺼이 예언자적인 성품을 소유해야 하며 자신의 가족을 하나님 말씀의 지식으로 가르치지 않으면 안 된다."고 주장했다.

그런데 18세기 영국의 평신도 사역자 로버트 레익스(R. Raikes, 1736-1811)에 의해 시작된 '주일학교 운동'이 미국으로 밀려 들어와 번성하면서 상황이 달라졌다. 마침 18세기 초부터 시작된 산업혁명으로 인한 사회적 변화와 맞물리면서, 주일학교는 급속도로 성장했다. 불신자의 자녀들 가운데 길거리에서 방황하는 가난한 아이들을 데려다가 글자와 성경을 가르치기 위해 시작된 주일학교는 최신 교수 방법을 도입하면서 선풍적인 인기를 끌었다. 안타깝게도 그와 더불어 매일 가정에서 행해지던 가정예배는 쇠퇴하고 말았다. 가정에서 아버지가 자녀에게 성경과 교리를 가르치던 좋은 전통이 산업혁명과 주일학교가 번성하는 가운데 점점 사라져 버린 것이다.

한국에 복음을 전해 준 대부분의 선교사들은 가정예배의 소중함을 잘 알지 못하는 세대였다. 뿐만 아니라, 그들은 대부분 19세기에 일어난 제2차 부흥운동의 영향을 받은 자들이었다. 찰스 피니(C. G. Finney, 1792-1875)와 드와이트 무디(D. L. Moody, 1837-1899)를 중심으로 한 부흥운동(revival movement)은 상당히 감정적인 운동으로, 가정예배의 부재로 인해 자녀들을 신앙적으로 교육하고 훈련하지 않아 영적으로 가난한 상태에서 교회 가운데 일어난 것이었다. 그런 선교사들이 한국에 복음을 전했기 때문에 가정예배의 중요성과 소중함을 잘 전달해 주지 못했다.

신학적 이유

한국 개신교회의 신학적 특징은 장로교, 감리교, 침례교를 총 망라해 '복음주의'(福音主義)이다. 이처럼 복음주의는 그 스펙트럼이 굉장히 넓어 모든 개신교를 총망라한다. 복음주의는 어느 한 사람이나 교파에 국한되지 않는 광의적 개념이다. 복음주의는 대체로 종교개혁과 경건주의, 그리고 18~19세기의 부흥운동을 통해 등장하고 발전했다. 이때 복음주의는 각 나라와 교회의 상황에 따라 여러 형태로 진행되었지만, 세 가지 특징이 있다. 첫째 '성경', 둘째 '체험', 셋째 '전도'를 강조한다는 점이다. 이 세 가지 강조점을 연결해서 문장을 만들면 이렇게 된다. "복음주의적 성도는 오직 성경 말씀만을 듣고 믿어 성령의 체험적 능력으로 전도와 선교에 힘쓴다." 이 복음주의는 인본주의적 자유주의 신앙이 판을 치는 현대 세계에서 한국 교회에 놀라운 부흥을 가져다주는 데 큰 기여를 했다고 평가할 수 있다.

그러나 동시에, 복음주의는 태생적으로 지닌 이원론적 한계도 가지고 있다. 복음주의 신앙의 양태가 개인주의적이다 보니 하나님나라에 대한 관심이 적다. 복음주의에서는 종종 주일(主日)과 평일(平日), 성(聖)과 속(俗)을 쉽게 분리한다. 그러다보니 주일에 교회에서 하는 주일예배는 중요하지만 평일에 가정에서 하는 가정예배는 별로 중요하지 않게 여긴다. 자녀의 신앙문제에 대해서는, 부흥회에 참석해서 성령의 역사를 체험하기만 하면 한순간 뒤집어질 것이라고 생각하니, 가정예배를 통해 평소에 가정에서 자녀들에게 신앙을 가르치고 훈련하며 전수해야 한다는 하나님의 명령에는 관심이 별로 없다. 전도와 선교만 열심히 하면 되지, 자녀를 많이 낳아 가정예배를 하며 잘 양육해야 한다는 점에는 소홀하기 쉽다. 한마디로 균형 잡힌 기독교 세계관이 부족하다. 자녀들의 신앙교육은 주일학교 1시간만으로 충분하다고 생각한다.

사회문화적 이유

산업과 기술이 발달하면서 인간이 더 편해지고 여유로워졌을 것이라고 기대하지만 과연 그럴까? 인간은 더 바빠지고 더 힘들어하고 있다. 인간은 과거에 비해 상상할 수 없을 정도로 바쁘고 분주하다. 밤에도 전등 아래에서 계속 일을 한다. 온 가족이 함께 모여 식사할 겨를도 없다. 그러니 온 가족이 매일 모여 가정예배를 한다는 것은 불가능한 일처럼 보인다.

좀 여유가 있다 싶으면 컴퓨터 앞에 앉거나 스마트폰을 손에 들고 가상세계를 헤맨다. 자녀들은 기계와 기술로 가상 세계에서 교제(?)를 하는데, 정작 가족끼리는 대화가 많지 않다. 부모와 자녀, 자녀와 자녀 사이에 대화를 찾아보기 어렵다. 이처럼 사람들은 기계와 많은 시간을 보내지만, 정작 사람과 교제하는 시간은 적다. 현대인은 점점 혼자 있는 것을 즐기며 외로움과 소외, 우울이라는 정신적인 질병에 고생하고 있다.

더 나아가 가정에서 하나님과 교제한다는 것을 상상하지 못한다. 가정예배를 통해 온 가족이 하나님의 말씀을 듣고 찬송하고 기도하는 시간은 불가능하다고 단정한다. 학생으로서 과외 갈 시간은 있지만, 가정예배로 모일 시간은 없다. 드라마나 스포츠를 시청할 시간은 있지만, 가정예배로 하나님의 말씀 앞에 온 가족이 함께 할 여유는 없다.

가정예배의 역사

구약성경에는 특별히 가정예배를 강조하는 언급이 없는 것 같다. 그러나 가정예배가 없었다고 보는 것은 무리가 있다. 가족 개개인이 하나님께 예배를 드렸을 뿐만 아니라 가족 전체가 함께 예배드리는 모습이 성경 곳곳에 등장한다. 아벨과 가인이 하나님께 예배를 드린다(창 4장). 셋이 아들을 낳고 에노스라 부르고 여호와의 이름을 불렀다(창 4:26). 이것이 바로 가족이 함께 드린 가정예배다. 노아는 여호와를 위하여 단을 쌓았다(창 8:20). 아브라함도 마찬가지다(창 12:7; 26:25). 야곱도 가정예배(창 35:2)를 통하여 이방신상을 버리고 회개하는 역사를 경험한다. 그는 험난한 사막 가운데서도 예배를 드렸다(창 35:7). 유월절 절기는 가장 주목할 만한 가정예배의 한 형태다. 온 가족이 함께 모여 먹고 마시며 하나님의 구원하심을 기념한다. 여호수아는 온 백성들이 다른 신들을 섬기더라도 자기와 가족들은 하나님만을 섬기겠다고 선언했다(수 24:15). 다윗 왕도 온 백성과 함께 예배를 드린 후 백성들을 축복하고 자기 가족들을 축복했다(삼하 6:18-20).

신약성경에도 가정예배의 모습을 찾아 볼 수 있다. 고넬료는 가족의 구원을 위해 베드로를 초대했고, 온 가족이 함께 말씀을 듣고 복음을 받아들이고 세례를 받았다(행 10장). 브리스길라와 아굴라 가정도 가정예배를 드렸다(롬 16:5).

초대교회 성도들은 매일 하루에 세 번, 곧 9시, 12시와 3시에 기도한 유대인처럼 일정한 시간에 기도한 것으로 보인다.[3] 초대교회를 연구한 한 학자는 이렇게 말한다.

> 그들은 빈둥거리거나 저속한 오락이나 쓸 데 없는 이야기를 하거나, 이교도들의 불경스런 노래를 부르면서 한가하게 시간을 보내는 대신 이성적이며 유익한 활동을 즐기면서 몸과 마음을 재충전하는 시간을 가졌습니다. 그들은 자신의 신앙 지식을 넓히고 하나님을 찬양하는 가운데 기쁨을 누렸습니다. 이러한 일은 개인적으로 기분을 전환하는 방편이자 가족끼리 즐기는 일종의 레크리에이션이었습니다. 그리하여 심신이 재충전된 그들은 새로운 열정을 품고 각자의 일터로 돌아갔습니다.[4]

종교개혁 시대에는 루터를 중심으로 가정예배를 시작했고 이러한 경향은 종교개혁이 만개한 독일, 스칸디나비아 지역과 스위스, 프랑스 그리고 네덜란드에까지 영향을 미쳤다. 스코틀랜드에 가정예배가 활성화 된 것은 1647년에 장로교회 총회가 가정예배 규칙서를 발간한데서 찾을 수 있다.

가족의 통상적인 의무는 한자리에 모여 가정예배를 드리는 것이다. 예배할 때 먼저 기도하고 찬송하며 교회와 국가와 가족을 위하여 간구한다. 그 다음에는 성경을 읽고 기독교 교리와 성경을 좀 더 잘 이해하기 위하여 문답식 공부를 한다. 또한 온 가족의 신앙 성장을 위하여 다 함께 대화를 나누며 가장은 가족 중에서 권면할 자를 권면하고 훈계해야 할 자를 훈계한다. 가장은 예배에 불참하는 식구가 없도록 감독하며 예배 순서를 인도할 책임과 권한이 있다. 그리고 목사는 가정예배를 드리도록 나태한 신자들을 지도하고 나약한 교인들을 훈련시켜야 한다. … 우리는 무신론자들과 경건치 못한 자들의 조롱에도 불구하고 생업이나 그 외의 사유 때문에 가정예배를 뒤로 미루지 말고 성실하게 드려야 한다.[5]

스코틀랜드 장로교회 총회는 목사와 장로의 가정예배에 대한 심방규정도 만들었다. 장로들은 각자 맡은 구역의 가정들을 심방하는지, 그들은 자기 구역 식구들이 가정예배를 드리는지 유의하고 있는지, 목사들은 온 가족이 함께 예배드리는 가정에서는 기도와 찬송과 성경 읽기를 하고 있는지 질문하도록 했다. 당시 스코틀랜드에서는 장로들이 심방을 할 때 중요하게 확인하는 것이 가정예배의 유무였다. 이는 가정예배를 신앙생활의 척도로 삼고 있었다는 점을 보여 준다. 시골 농부의 가정에서도 가정예배를 드렸고 농부들이 시편 찬송을 부르며 일을 했을 정도로 경건했다고 하는 아름다운 전통이 있었다.

미국으로 건너간 스코틀랜드 이민자들은 그 전통을 고수하며 유지했다. 그러나 제2차 부흥운동을 거치면서 가정예배는 쇠퇴하기 시작했다. 부흥운동의 결과 시작된 주일학교 운동이 가정예배를 밀어내는 결과를 낳게 되었다. 다시 말하면 본래 교회학교는 길거리에 떠도는 불신 자녀들에게 복음을 전하기 위해 생겨난 것이다. 이것이 주일날 열리면서 주일학교(sunday school)로 이동했다. 그러면서 불신자의 자녀들이 참여하는 주일학교에 신자들의 자녀들도 오게 되었다. 나중에는 불신자보다 신자들의 자녀들이 더 많고 그들을 위한 교육을 교회에서 실시하게 되었는데, 신자 부모들이 가정에서 가정예배를 드리면서 신앙교육 하던 것을 멈추고 주일학교에 신앙교육을 맡기는 현상이 생겨났다. 신앙교육의 장소가 가정에서 교회로 이동한 것이다. 동시에 신앙교육의 책임도 부모로부터 교회 목사로 전가되었다.

사회가 급속히 산업화(산업혁명, Industrial Revolution)하면서 가정의 부모들은 일을 위해 밖으로 이동하고 자녀의 신앙교육은 전적으로 교회에 맡기게 된 변화이다. 이와 더불어 복음주의 부흥운동도 가정에서 이루어져야 할 신앙교육에는 부정적인 영향을 주었다. 제임스 W. 알렉산더(James W. Alexander)는 1850년대에 사라져가고 있는 미국 사회의 가정예배를 되살리자는 책, *Thoughts on Family Worship*(『가정예배는 복의 근원입니다』, 미션월드)을 저술하기도 했다. 그렇지만 무너져가는 가정예배를 다시 되돌리기는 쉽지 않았다.

가정예배에 대한 또 다른 전통이 있다. 그것은 네덜란드 개혁교회 안에 꽃핀 칼빈주의 전통이다. 필자가 유학시절 동안(1994-2001) 경험한 네덜란드 개혁교회에서 가정예배는 개인의 신앙과 교회의 신앙을 유지할 수 있는 튼튼한 버팀목 역할을 하고 있었다. 하루에 아침,

점심, 저녁 세 번 드리는 가정예배는 지루하지 않고 실제적이며 자녀들에게 신앙을 전수하고 부모 자신들의 신앙을 굳건하게 하는 중요한 역할을 하고 있었다.

이런 아름다운 네덜란드 개혁교회의 가정예배 전통은 미국과 캐나다, 호주, 뉴질랜드, 남아프리카로 이민을 간 교인들을 통해 이어졌다. 그들은 그곳에서 교회를 세우고 개혁신앙을 유지하고 있다. 그들이 각 나라에서 영향을 미친 것들이 많이 있지만 가장 기초가 되는 것이 있다면 가정예배다. 개혁교회 성도는 복음주의자와 달리 언약신앙을 강하게 붙들고 있다. 하나님께서 믿는 자녀에게 언약, 곧 하나님께 순종하는 자에게는 복을, 불순종하는 자에게는 진노를 약속하셨다는 것이다. 이 언약 신앙에 의하면 부모는 자녀에게 신앙을 전수하기 위하여 노력한다. 하나님의 말씀에 순종하도록 해야 그들이 후에 그 언약을 자신들의 신앙으로 만들 수 있기 때문이다. 이 언약 신앙을 고수하는 개혁교회는 가정예배 전통을 지속 한다

안타깝게도 현대에 와서 점점 가정예배를 드리는 횟수가 줄어들고 더 이상 가정예배를 드리지 않는 성도들이 늘어나고 있다. 교회 목사도 더 이상 강조하지 않는다. 교회에 세속적인 바람이 불기 시작하면서 가정예배가 쇠퇴하기 시작했다. 가정예배의 쇠퇴는 교회 신앙의 쇠퇴와 무관하지 않다. 교회가 쇠퇴할 때 언제든지 가정예배의 쇠퇴가 앞서 갔던 것을 볼 수 있다.

반대로 가정예배의 회복은 교회의 회복으로 이어지고 교회의 회복은 나라 전체의 융성으로 이어진다는 사실에 주목할 필요가 있다. 이러한 현상을 보면 교회의 미래를 판단할 수 있다. 왜냐하면 가정예

배는 성도들의 영적인 상태와 교회의 건강성을 체크할 수 있는 잣대로 사용될 수 있을 정도로 중요하기 때문이다.

그런데 한국 개신교회는 독특하게 성장했다. 가정예배를 잘 드리지 않으면서도 교회가 성장했기 때문이다. 현재 한국교회는 가정예배를 강조하지 않는다. 이것으로 한국 개신교의 영적인 상태를 진단할 수 있을까? 필자는 한국교회의 가정예배의 약화를 기초의 약화로 평가할 수 있다고 생각한다. 한국교회의 성장이 멈춘 지 오래고 그리스도인의 삶이 세속인들과 차이가 없다고 손가락질을 받고 있다. 한국 개신교의 질적 성장이 필요하다고 외치고 있다. 어디서부터 이 일을 시작해야 할까? 언약의 자녀들을 가정에서 신앙으로 교육하는 일에서부터 시작되어야 한다. 가정예배가 되살아나야 한다. 자녀들이 신앙으로 훈련되기 위해서는 매일 하나님 앞에 서는 가정예배가 유일한 대안이다. 이 가정예배를 뒷받침하는 강력한 신앙이 바로 언약신앙이고 개혁신앙이다.

가정예배, 어떻게?

많은 사람들이 이렇게 묻는다. "가정예배를 어떻게 해야 하나요?" 한 번도 해 본적이 없는 사람에게는 당연한 질문이다. 너무나 막연하기 때문이다. 그러면 우리는 가정예배를 어떻게 해야 할까? 구체적인 것에 대한 간단한 제안을 해 본다.

형식

가정예배의 형식은 어떠해야 하나? '예배'하면 생각나는 것이 주일 교회 공예배(public worship)다. '묵상, 찬양, 대표기도, 찬양대 찬양, 설교, 헌금, 축도' 같은 순서가 머리에 스쳐 지나간다. 사실은 가정예배는 '예배'가 아니다. 가정예배는 일조의 가족모임이다. 가정기도회라고 할 수 있다. 그냥 가족이 한 자리에 한 시간에 모여 앉아 말씀과 기도와 찬양과 대화하는 시간이다. 굳이 어떤 고정된 형식은 없다. 가정마다 그 형식은 다를 수밖에 없다. 참고로 필자의 가정에서는 식사가 식탁에 준비되면 온 가족이 둘러앉는다. 아빠가 대표로 식사 감사 기도를 한다. 육신의 양식을 주신 하나님께 감사하는 시간이다. 맛난 음식을 온 가족이 함께 나눈 후 간단하게 그릇을 치우고 아빠가 성경을 읽는다. 그 후 내용을 가지고 질문도 하고 대화의 시간을 갖은 후 찬양을 하기도 하지만, 바로 기도로 마치기도 한다. 또 어떤 가정은 저녁 10시에 모여 가정예배를 한다. 그 시간이 아들이 학원에 돌아오는 시간이기 때문이다. '사도신경 ⇒ 찬송 ⇒ 성경읽기 ⇒ 기도'의 순서로 진행한다. 그 방식과 형식은 다양할 수 있음에 불안해 할 필요가 없다. 오히려 그것을 장려하고 싶다. 단지 말씀과 기도와 찬송이 있으면 된다.

횟수

가정예배를 얼마나 자주 해야 하나? 일단 시작이 어렵다. 한 번 시작하기만 하면 그 뒤는 의외로 쉬울 수 있다. 백문불여일견(百聞不如

一見)이라는 말도 있지 않은가! 얼마나 자주 가정예배를 할 것인가는 가정이 정하기에 달렸다. 가족회의를 통해 그 횟수를 정하면 된다.

단지 교회역사를 보면 앞서간 선배들이 했던 것을 참고할 수는 있겠다. 필자는 매일 하루에 한 번은 가정예배를 하라고 권하고 싶다. 왜냐하면 매일 하나님 앞에 온 가족이 말씀을 듣고 기도하는 시간은 소중하기 때문이다. 매일의 리듬에도 맞기 때문이다.

하지만 프랑스와 네덜란드 그리고 독일 일부 지역에서는 하루에 세 번 가정예배를 매일 하는 전통을 가지고 있다. 구약성경에 하루에 세 번 기도한 것(시 55:1)[6]을 본받아 하루 세 번 가정예배를 드리는 전통이 있긴 하다. 물론 요즘처럼 다변화되고 바쁜 시대가 아니라는 특징이 있지만, 지금도 경건한 가정과 교회는 이 전통을 이어가고 있다.

어떤 가정은 한 주에 한 번 가정예배를 하기도 한다. 또 어떤 가정은 한 달에 한 번 가정예배를 한다. 좋다. 하지만 가정예배의 목적과 내용을 생각할 때 매일 하라고 권하고 싶다. 가정예배 강의를 다니며 여러 사람들과 얘기를 나눠본 결과 일주일에 한 번 가정예배를 하는 것은 매일 한 번 가정예배를 하는 것보다 7배나 어렵다고 말한다. 한 달에 한 번 가정예배를 하는 것은 매일 가정예배를 하는 것보다 30배나 어렵다고 말하면 과장일까? 이것은 과장이지만, 한 가지는 맞다고 생각한다. 가정예배를 습관화 하는 것이 중요하기 때문이다. 습관화 하는 유익을 누리려면 매일 가정예배를 빠지지 않고 하는 것을 권하고 싶다.

명칭

'가정예배'라는 이름은 장로교 예배 모범에 보면 '가족 기도회'라고 되어 있다. 예배모범은 성도라면 누가나 '가족 기도회'를 반드시 매일 하도록 권한다. 또 '가족 경건회'라고 할 수도 있다. 그러므로 그 성격상 가족이 함께 모여 성경 말씀과 기도와 찬송과 대화를 하는 시간이라는 것을 나타내는 명칭을 붙이면 된다. '가족 헌신', '가족 경건회', '가정 성경 읽기', '식탁 성경 읽기', '가정예배', '가족 종교모임' 등 여러 이름이 있다. 이름은 뭐라도 좋다. 가정마다 차별화된 이름을 지어 불러도 좋다. 창의적인 가정의 모습을 볼 수 있을 것이다.

시간

구체적으로 어느 시간에 가정예배를 드릴 것인지는 가족마다 사정에 따라 정하면 된다. 그렇지만 일정한 시간을 정해 규칙적으로 일관성 있게 하는 것이 좋다. 교회 역사 가운데 아침에 가정예배를 드리는 경우가 많았다. 그렇지만 도시화 된 생활 여건에서는 저녁 시간도 좋다. 온 가족이 함께 모일 수 있는 시간을 찾으라는 말이다. 모든 것을 적당하게 질서대로 하면(고전 14:40) 된다. 가정예배 시간이 너무 길면 아이들이 지겨워할 가능성이 있으므로 짧게 시작하라고 권한다. 한 번 해 보니, 좋다고 너무 많은 시간을 들여 하다보면, 나중에 지치거나 힘들어 중단하게 되는 폐단도 있다. 하루 매일 15분 정도면 충분하다. 하지만 주말 같은 시간에는 맛난 것을 먹으며 얼마든지 원하는 만큼 길게 할 수도 있을 것이다. 필자의 가정은 홈스쿨을 하고 있었기 때문에 하루에 세 번 가정예배를 했고 여기에 많은 시간을 쏟아 부었다. 어느 날 큰 딸의 하루 계획표에 가정예배가 아침 2시간, 점심 2시간, 저녁 2시간, 총 6시간으로 그려져 있었다. 놀라서 물어보니, 정말 그 정도 시간이 걸렸었다. 지금은 그렇게 하지 못한다. 하지만 하루에 한 번이라도 15분 정도 가정예배를 규칙적으로 한다면 큰 유익이 있을 것이다.

인도자

가정예배 인도는 누구나 할 수 있지만, 가능하면 아버지가 인도하기를 권한다. 그 이유는 단순하다. 가정의 가장이 아버지이기 때문이다. 아버지가 유능하기 때문도 아니고 힘이 세기 때문도 아니며 성경을 많이 알기 때문도 아니다. 아버지는 가정을 책임지는 가장이기 때문이다. 아버지는 가정의 제사장이고, 선지자이고, 왕과 같은 존재이다. 그런데 지금 가정에서의 아버지와 남편의 모습은 정 반대이다. 아버지의 존재감을 찾기 어렵다. 직장과 일에 지친 아버지가 가정에서 영적인 책임자로서의 역할을 제대로 감당하지 않(못하)기 때문이다. 아버지가 생업을 통해 가정을 부양하는 것도 중요하지만, 가정에 대한 영적 책임도 중요하다. 이 영적 가정의 리더로서의 역할을 감당할 수 있는 좋은 방법이 바로 가정예배다. 아버지가 가정예배를 책임지고 인도할 때 가장으로서의 권위와 책임이 가장 분명하게 나타나고 실행된다. 만약 아버지가 할 수 없는 상황이면 얼마든지 위임이라는 절차를 통해 아내가 인도할 수 있다. 때로는 자녀에게 맡길 수도 있다. 하지만, 그 주도권과 책임은 아버지에 있다는 사실을 무너뜨리지 않길 권한다.

하나님께서 부여해 주신 가장으로서의 권위를 생각해서다. 제임스 알렉산더는 아버지가 없으면 어머니가 아니라 그 집의 장남이 하도록 권면한다. 그렇지만 남편으로부터 위임을 받아 어머니가 인도해도 된다. 가끔씩 아이들을 교육하는 차원에서 성경을 읽도록 지명할 수도 있고, 기도를 시킬 수도 있지만, 주도권은 언제나 아버지가 가지는 것을 권한다.

분위기

분위기는 경직되어서는 안 된다. 유연하고 부드럽고 자연스러워야 한다. 어떤 사람은 어릴 적 좋지 못한 경험 때문에 가정예배를 하지 않으려 한다. 그 가정의 가정예배는 교회예배와 다를 바 없었다. 아버지는 목사이고 가족은 교인이었다. 가정예배 시간이 어떤 때는 30분이, 어떤 때는 1시간도 걸렸다. 기도가 한 번 시작되면 20-30분은 종종 있는 일이니, 아이들은 불만을 표시할 수도 없고 전혀 기쁘지 않는 시간이었다고 한다. 어떤 분은 아버지의 기도가 길어지니, 늘 졸다가 마지막 "예수님 이름으로 기도합니다."라는 말이 나오는 순간 깨는 노련함을 익혔다고 했다. 하지만 한 번은 아버지의 기도가 끝났는데도 졸다가 큰 벌을 받기도 했단다. 한 가정은 가정예배를 늘 1시간 30분 했다고 한다. 45분은 찬송을 불렀는데, 순복음교회에 다녀 성령님이 오실 때까지 찬송을 했단다. 나머지 45분은 설교인데 거의 아버지의 잔소리로 일관했단다.

가정예배의 분위기는 너무 무거울 필요도 없지만, 그렇다고 너무 가벼워서도 안 된다. 아이들이 장난을 치고 분위기를 망치는 것을 허용해서는 안 된다. 가정예배는 언제나 적당하고 적절해야 한다. 부모의 지혜가 필요하다.

대화

가정예배는 일방적인 강의 시간이 아니다. 가정예배에서는 반드시 대화가 있어야 한다. 성경을 읽고는 아이들이 잘 듣고 이해했는지를 알기 위해 질문을 하는 시간도 필요하다. 물론 질문은 구석에 있는 중요하지도 않은 것을 물어 아이들을 골탕 먹이기 위한 것이어서는 안 된다. 필자의 가정은 아이들이 질문 시간을 기다린다. 방금 들은 성경 내용이니 대답하기 쉽다. 잘 들었는지 확인하는 질문이기 때문이다. 가르치지도 않는 어려운 질문을 할 필요는 없다.

그리고 성경 내용과 관련된 얘기를 나눌 수도 있다. 큰 아이들이 있을 경우, 적용에 관한 얘기들을 나눌 수 있다. 아빠는 회사의 일, 엄마는 가정사와 관련 된 일, 아이들은 친구들과 있었던 얘기들을 말할 수 있다. 이런 시간이 가정예배의 풍요로움을 자녀들에게 제공한다.

기도

기도는 간단명료해야 하며 구체적이어야 한다. 중언부언하는 기도는 기도 형식을 매일 반복하며 읽는 것보다 못하다. 기도는 하나님과 우리의 대화이기 때문에 먼저 읽은 성경을 가지고 하나님의 말씀을 반복해서 읊조리며 시작하면 좋다. 그리고 우리의 소원을 그리스도의 이름으로 하나님께 올려드리면 된다. 기도의 말은 멋있게 포장할 필요 없다. 가정에서 얘기하듯 솔직하고 진실하게 하나님께 기도하면 된다.

기도 시간은 길면 안 된다. 긴 기도는 개인기도 시간에 하면 된다. 어떤 가정에서는 부모가 감동받아 20~30분 기도하는 경우도 있었다고 한다. 그렇게 해서는 안 된다. 물론, 특별한 경우 그렇게 기도할 수 있지만, 보통의 경우는 짧게 기도해야 한다. 기도는 오늘 하루만 할 것이 아니다.

기도 제목은 가정의 일상적인 것부터 아이들의 학교와 아버지의 직장의 영역을 벗어나지 않도록 하는 것이 좋다. 너무 뜬구름 잡듯 먼 기도는 피하는 것이 좋다. 필요하면 매일 교회와 하나님나라를 위해 기도의 영역을 정해 놓고 기도하는 것도 좋다. 교회 기도제목을 놓고 기도해도 좋다.

기도는 아버지가 인도하는 것이 기본이지만, 인도자가 아이들에게 맡길 수도 있다. 가족이 순서를 정해 돌아가면서도 할 수도 있다.

찬송

찬송은 멜로디가 있는 시이다. 찬송을 하면 가정예배의 분위기도 좋다. 어떤 찬송을 불러야 할까? 인도자가 찬송을 정할 수도 있고 찬송가 1장부터 차례대로 부르며 배우는 것도 좋다. 많은 찬송을 부르는 것보다 일주일 혹은 한 달 동안 한 두 곡을 정해서 반복해도 좋다. 복음 송(Gospel Song)이나 소위 CCM(Contemporary Christian Music)을 불러도 좋다. 찬송도 부르고 CCM도 불러 봄으로 세대 간의 문화 차이를 극복할 수 있다. 요즈음 아이들은 찬송가를 잘 모르니, 가정예배에서 찬송가를 배우며 불러 볼 것을 적극 추천한다.

성경

성경은 어떤 부분을 읽을 것인가? 아이들이 어릴 때에는 어린이 이야기 성경을 읽는 것도 좋다. 잠언을 매일 한 장씩 읽는 것도 좋은 방법이다. 잠언이 31장까지 있기 때문에 그 날에 해당되는 잠언을 읽으면 순서를 잊어버릴 염려도 없다. 창세기부터 계시록까지 매일 한 장씩 읽어도 된다. 필자의 경우 아침에는 큐티 본문을 같이 읽었다. 점심에는 성경을 통독하고 저녁에는 어린이를 위한 이야기 성경을 읽어 주었다. 아이들이 어릴 때는 '스토리 바이블'을 읽어도 좋다. 필자의 아내가 번역한 네덜란드 어린이 이야기 성경인 『두란노 이야기 성경』(두란노키즈 2009)을 활용해도 된다. 네덜란드 유학 시절 첫째 아이가 태어났다. 유아세례가 있는 날 지도교수님으로부터 어린이 이야기 성경을 선물로 받았다. 필자는 아이가 침대에 누워 잠들 때 옆에서 네덜란드어로 된 이야기 성경을 매일 빠지지 않고 읽어주었다. 첫째 아이가 말도 못 알아듣던 때부터 읽어준 이야기 성경! 그것이 한국어로 번역된 것이다. 필자는 아직도 이 이야기 성경을 가정예배에서 읽어준다.

설교

가정예배에서 설교를 하지 마라. 가정예배는 공예배가 아니다. 아버지는 설교자도 아니다. 꼭 설교를 해야 할 경우는 원고를 마련하여 하라고 권하고 싶다. 사실, 가정예배에서 '설교'라는 말은 어불성설이다. 말씀을 읽고 그와 관련해 아버지가 교육이나 훈계를 할 수 있다. 그것은 가능하다. 하지만, 잔소리가 되지 않게 조심해야 한다. 성경을 읽었으니, 그 말씀 그 자체가 온 가족에게 생명력 있게 다가온다. 온 가족이 그 말씀을 경청하고 순종하는데 집중하는 것이 중요하다.

아버지가 성경을 읽어줄 것을 권하고 싶다. 가정예배의 백미는 뭐라 뭐라 해도 성경을 읽는 시간이다. 아버지가 생명의 말씀을 직접 읽을 때 그 권위가 돋보인다. 아버지가 가장 소중한 생명의 떡을 온 가족에게 먹이고 있는 것이 눈에 보이고 또 귀로 들린다. 성경을 읽는 아버지는 그 책임을 온 몸으로 느끼고 가족은 그 권위를 자랑스러워하며 기쁨으로 받아들일 것이다.

물론 성경을 가족이 돌아가면서 몇 절씩 읽어도 좋다. 그러나 읽는 사람이 좀 틀리게 읽어도 너무 예민하게 반응하지 않아야 한다. 잘못하면 국어공부 시간이 될 수도 있기 때문이다. 성경의 내용을 파악하는 데 중점을 두어야 한다.

자료

가정예배를 위한 보조 자료를 활용할 수도 있다. 필자가 쓴 『교리와 함께 하는 365가정예배』(세움북스 2015)는 성경, 찬송 그리고 짧은 해설이 있고 부록에는 관련 교리인 '하이델베르크 요리문답'이 첨부되어 있다. 관련 교리를 겸하여 읽어도 좋다.

가정예배를 잘 드리기 위한 팁

가정예배를 잘 드리기 위한 팁 20개를 소개한다. 이것을 참고로 가정마다 잃어버린 보물인 가정예배를 되찾길 바란다.

① 가정예배를 드릴 수 있도록 기도하며 준비한다.
② 온 가족이 함께 의논하고 동의를 구한다.
③ 온 가족이 예배를 드릴 수 있는 시간과 장소를 정한다.
④ 가정의 제사장인 남편이 가능한 참석할 수 있도록 한다.
⑤ 남편과 아버지가 아내의 머리요 가정의 제사장 된 권위를 인정한다.
⑥ 가정예배와 관련해 남편을 격려하고 칭찬하고, 아이들 앞에서 가정예배 인도와 관련해 남편을 비난하거나 정죄하지 않는다.
⑦ 남편이 참석할 수 없을 때는 위임을 받아 아내가 인도한다.
⑧ 너무 딱딱하고 지겹게 인도하지 않는다.
⑨ 짧게 하는 것을 두려워하지 않는다.
⑩ 순서와 내용은 자유롭게 하되 말씀, 기도, 찬송, 나눔의 요소가 가능한 포함되도록 한다.
⑪ 가정예배의 순서와 형식은 가정마다 독특성을 살린다.
⑫ 교회에서 예배드리는 순서를 굳이 고집하지 않는다.

⑬ 다양한 가정예배를 개발한다.
⑭ 아이들이 가정예배에 흥미를 느끼지 못할 때는 촛불을 켜면 도움이 된다.
⑮ 성경이나 혹은 이야기 성경을 읽고 반드시 아이들에게 질문한다.
⑯ 설교를 하지 말라. 성경을 그냥 읽고 듣는 것으로 충분하다.
⑰ 질문이 있을 때는 친절히 설명하되 모르는 것은 다음에 알려 준다.
⑱ 기도를 길게 하지 않는다.
⑲ 기도는 가정에서 일어나는 구체적이고 실제적인 제목으로 한다.
⑳ 한 가지 노래를 일주일, 한 달, 두 달 반복하는 것도 좋다. 모르는 찬송이나 복음 찬송을 배우는 것도 권한다.

나가며

한국 복음주의교회는 양적인 성장을 이루었지만, 내적으로는 심각한 빈곤 상태에 있다. 그렇지만 한국교회가 그것을 깨닫지 못하고 있음이 안타깝다. 교회를 평가하는 잣대가 복음주의 신학이기 때문에 반복되는 실수를 되풀이 할 수밖에 없다. 우리는 이 문제에 개혁신앙적 대안을 제시하고자 한다. 문제를 분석하고 구체적인 대안을 제시해야 한다. 개혁신앙의 특징 중의 하나는 신앙과 삶이 분리되지 않는다는 점이다. 유아세례를 통해 언약의 하나님을 고백했다면 하나님의 말씀으로 그들을 신앙교육 하겠다고 서약했다. 그렇다면 그 말씀을 실천해야 하지만, 이 부분에서만은 유독 약한 모습을 보이고 있는 것이 한국 개신교의 상황이다. 신앙교육의 장은 크게 가정, 학교, 교회, 사회로 볼 수 있다. 이 글에서는 먼저 가정에서 어떻게 자녀를 신앙으로 교육할 수 있는가에 대해 고민해 보았다. 그 해답으로 '가정예배'를 제시했다. 우리는 개혁신앙의 첫 실천적 대안으로 언약의 자녀를 많이 낳아야 한다는 결론을 내렸다. 개혁신앙의 두 번째 실천적 대안으로 낳은 자녀를 신앙으로 교육하고 양육하고 훈련하는 것을 제안한다. 이 두 가지가 제대로 한국 교회 안에서 실천된다면 놀라운 변화를 기대해도 될 것이다. 물론 오늘 그 결과를 당장 볼 수는 없을 수 있다. 그러나 한 세대 후에는 반드시 그 열매를 보게 될 것이다.

한국 교회는 산토끼를 집토끼로 만드는 것도 계속해야 하겠지만, 집토끼가 산토끼 되는 것을 막는데 더 많은 힘을 쏟아야 한다. 소극적으로 보일 수 있지만 이것은 신앙생활의 기본에 해당되는 너무나도 중요한 부분이다. 너무나 당연했던 그 기초가 약했던 것이다. 기초가 튼튼해야 교회가 든든히 서 갈 수 있는 힘을 갖는다는 것은 명약관화(明若觀火)한 사실이다. 기초 체력이 튼튼한 한국교회를 개혁신앙의 실천을 통해 이루어가자.

3장

가정예배, 어떻게 할 것인가?

교육학적 접근

신승범

가정예배, 어떻게 할 것인가?
교육학적 접근

신승범 교수[*]
(서울신학대학교 기독교교육과)

들어가는 말

가정은 자녀의 인성뿐만 아니라 사회성, 도덕성 그리고 정서 발달에 영향을 미치는 주요 교육현장이다. 부모는 이러한 교육현장의 교육적 주체로서 양육 태도, 참여, 성격특성, 가치관 등을 통해 자녀의 성장과 사회화에 기여한다. 최근 사회가 복잡해지고 다원화되면서 각종 사회 문제, 예를 들어, 청소년 비행(범죄), 학교폭력, 가족해체,

---

[*] 미국 남침례 신학대학원(M.A.)과 비올라대학교(탈봇신학교)에서 박사 학위(Ph.D.)를 취득하고, 현재 서울신학대학교에서 기독교교육과 교수로 재직하면서 복음주의 기독교교육학회 및 한국 기독교교육학회에서 활발하게 활동하며 부모교육과 관련한 다양한 강의와 세미나를 인도하고 있다.

성적 일탈 등과 같은 문제들이 지속해서 대두되고 있다. 이러한 문제의 예방을 위해 노력하고 있는 많은 전문가들은 가정과 부모의 역할의 중요성을 재조명한다. 한 개인의 형성(being formed)에 가정과 부모가 미치는 영향력이 얼마나 큰지를 그들은 잘 알고 있기 때문이다.

기독교교육의 목적은 "신자를 예수 그리스도 안에서 성숙하게 하는 것"이다.[1] 신자의 신앙성숙을 돕는 기독교교육의 주요현장은 일반적으로 교회와 가정 그리고 학교였다. 한국적 상황에서, 대부분의 학부모들과 학생들은 인본주의 교육을 근간으로 하는 공교육을 선택할 수밖에 없고 최근 확장되고 있는 기독교 대안교육(홈스쿨링 또는 기독교대안학교)에 대한 인식도 부족하다. 신앙교육은 주로 교회가 감당해야 하는 일로 인식되어 왔다. 이는 한국 기독교에 전래된 미국 기독교의 영향으로 미국교회의 주일학교 시스템이 한국교회에 그대로 적용되었기 때문이다. 한국에 뿌리내린 주일학교 시스템은 한국교회의 성장과 발전에 크게 기여하였지만 동시에 주일학교만이 신앙교육의 '유일한' 현장이라는 인식을 심어 놓았다. 이러한 인식은 신앙교육의 현장의 현장으로서의 가정의 기능과 역할을 급격히 축소시켜버리는 결과를 낳았다.[2] 세대로교회 담임목사인 양승헌은 이러한 가정의 부재를 다음과 같이 설명한다. "교회는 언젠가부터 부모들을 설득했다. 교회에 데려오면 아이를 믿음의 사람으로 키워주겠다고, 교회는 아이들의 믿음을 키워주는 능력과 책임을 가진 기관으로 자임하면서 부모들로부터 영적인 양육의 책임을 떠맡았다. 문제는 이것이 가정과 부모 사이의 단절을 초래했다는 것이다."[3] 성경과 기독교 역사 가운데 오랫동안 신앙교육의 주요현장으로 존재해 왔던 가정이 아이러니하게도 교회학교의 성장과 함께 신앙교육의 현장에서 소외되어 버린 것이다.

2000년 초반 한국교회의 쇠퇴가 눈에 가시화되면서 한국교회의 지속가능성에 대한 위기의식이 고조되었다. 저출산으로 인한 학령인구의 급격한 감소와 교회내의 학생들의 지속적 교회이탈 현상은 한국교회의 내일을 어둡게 만들고 있다. 이러한 위기 앞에서, 한국교회는 나름의 자구책을 마련하기 위해 노력해 왔다. 최근 활발히 논의되기 시작된 '가정에서의 신앙교육 활성화 방안'에 대한 논의도 교회학교의 위기극복을 위한 시대적, 대안적 성격을 강하게 가진다.

가정신앙교육의 회복과 관련된 연구는 크게 '신앙교육을 위한 가정과 부모의 역할 회복' 또는 '신앙교육을 위한 가정과 교회의 연계'로 구분한다. 이와 관련된 연구들은 대부분 교회학교 위기 논의가 본격적으로 시작된 2000년 이후 발표되었다.[4] 그 이전에도 가정에서의 신앙교육 방법을 소개하는 연구가 없었던 것은 아니다. 하지만 2000년 이후 가정신앙교육의 필요성과 방향을 제시하는 논문이 본격적으로 등장하기 시작했다는 것은 그 이전에는 신앙교육에 대한 위기 인식이 덜했을 뿐만 아니라 신앙교육의 주 책임기관을 주로 교회라고 인식하고 있었음을 보여준다.

신앙교육의 현장으로 새롭게 떠오른 가정에 대한 관심은 위에서 언급한 것처럼 일차적으로는 교회학교 위기를 극복하기 위한 대안적 성격과 또 다른 면에서는 성경과 기독교 역사 가운데 일관되게 신앙교육의 현장이었던 가정의 신앙교육적 책임과 역할에 대한 회복적 성격을 포함한다. 이러한 관심은 교회학교의 위기를 교회의 내부에서 찾으려고 시도했던 이전의 노력들을 넘어선 것이다.[5] 또한 다음세대 신앙교육을 염려하는 교회교육 현장전문가들에게 다음세대 신앙교육의 방향을 새롭게 제시해 준다는 점에서 의의가 있다. 그러나 유감스럽게도, 가정과 부모를 통한 신앙교육의 중요성과 필요성에 대한 관심이 증가해 가고 있는 것은 사실이지만, 가정에서의 신앙교육 방법에 대한 구체적인 실천방안에 대한 논의는 여전히 부족한 실정이다.

가정에서의 신앙교육 방법 가운데 가정예배는 그 중심에 위치해 있다. 가정예배를 드리는 목적 자체가 교육은 아니다. 하지만 가정예배에는 교육적 성격이 다분히 내포되어 있다. 박신웅은 가정예배를 신앙적으로 자녀를 교육 할 수 있는 기회 그 자체로 보았다. 부모는 가정예배의 주체로서 예배를 인도한다. 동시에 가정예배의 객체로서 자녀와 함께 예배에 참여한다. 예배의 주체이며 동시에 객체인 부모는 자녀들에게 예배 참여의 기회를 제공하고 동시에 예배자의 모델을 제공하는 역할을 한다.[6] 이런 맥락에서, 가정예배는 자녀에게 신앙을 가르칠 수 있는 중요한 교육현장이며 이 교육현장을 통해 부모는 신앙을 가르치고 자녀는 신앙을 배울 수 있는 즉, 신앙이 전수되는 통로가 되어 준다.

가정예배에 대한 부모들의 인식과 실천

교회교육이 위기라는 말이 이제는 전혀 새롭지 않다. 실제로 교회교육은 위기에 처했으며[7] 현재 교회교육의 위기는 미래 한국교회가 경험하게 될 큰 위기의 전조임이 분명하다. 이는 비단 성도수의 감소로 인한 양적인 위기만을 의미하지 않는다. 우리가 간과하지 말아야 할 더 큰 위기는, 모든 세대에서 나타나는 신앙의 약화와 신앙전수의 단절, 즉 신앙의 질적인 측면과 관련된 위기들이다. 박상진은 교회학교의 위기 원인을 규명하려는 연구를 시도했는데, 다양한 위기 요인들 가운데 교회학교 위기의 가장 큰 요인은 '부모요인'으로 나타났다. 조금 더 구체적으로, 담임목사와 교회학교 사역자, 그리고 교사들에게 신앙교육의 위기를 초래한 요인을 묻는 질문에서 상위 1-3위를 차지한 모든 요인은 부모와 관련된 요인들이었다. 1위는 '가정의 신앙교육의 부재', 2위와 3위는 각각 '부모들의 세속적 자녀교육관', '부모의 신앙 저하' 요인이었다. '교육의 내용, 방법 요인', '교사 요인', '교회학교 요인' 등 교회교육관련 내적요인들보다 외적요인인 '부모관련' 요인을 더 큰 위기요인으로 인식하고 있는 배경에는 필시 교회학교 전반에 만연한 교회에서의 신앙교육의 한계 인식, 신앙교육의 질적 하락, 그리고 신앙교육에 있어 부모와 가정의 역할과 책임에 대한 새로운 인식이 교회 내에서 확산되어 가고 있음을 잘 보여준다.[8]

또 다른 연구에서도, 자녀들의 신앙교육에 가장 큰 영향을 미치는 인물과 교회학교 성장의 방해 요인을 밝히는 연구에서도, 각각 '학부모'와 '부모의 우선순위 문제'가 1순위로 나타났다. 이러한 결과들은 담임목사와 담당부서 사역자, 교사를 포함한 교회교육 전문가들뿐만 아니라 학부모들조차도 신앙교육의 문제는 결국 부모의 우선순위와 그들의 신앙교육 실천의 문제라는 것을 보여준다.

영향력	비율	방해요인	비율
학부모	66.1	부모의 우선순위	69.8
교사	10.2	학생 개인적 요건	63.7
담임목사	9.0	프로그램 흥미부족	58.7
부서담당교역자	8.3	교육전문성 부족	50.1
친구	2.6	기독교에 대한 부정적 인식	44.8
학생자신	1.7	전도하지 않음	41.1
선·후배	1.2	목회철학 부재	34.5

〈표 1〉 자녀의 신앙성장에 영향을 미치는 인물과 교회학교 성장의 주요 방해요인

    기독부모들의 신앙교육 관련 인식을 조사했던 신승범의 연구에서, 대부분의 부모들은 가정을 신앙교육의 주요 현장으로 그리고 자신을 신앙교육의 교사로 인식하고 있는 것으로 나타났다(표2, 3 참조). 하지만, 인식과 달리 부모의 신앙교육실천 정도는 매우 낮은 것으로 조사되었다(표4 참조). 이러한 차이는 신앙교육에 대한 부모들의 인식과 실천 사이에 괴리가 있음을 보여 준다. 신앙교육의 측면에서 가정과 부모의 영향력에 대해서는 인정하면서도, 실제로 자신들의 역할에 대해서는 잘 모르거나 실천을 어려워하고 있다는 것이다.[9]

직분	아니다	보통이다	그렇다	매우 그렇다
목회자	3.6	0.0	21.4	75.0
장로, 권사	0.0	15.6	40.6	43.8
집사	0.3	9.4	40.6	49.7
일반성도	0.0	2.9	38.4	50.6

〈표 2〉 가정이 신앙교육의 현장이라는 인식에 대해

직분	전혀 아니다	아니다	보통이다	그렇다	매우 그렇다
목회자	0.0	3.6	21.4	35.7	39.3
장로, 권사	0.0	3.1	25.0	46.9	25.0
집사	0.7	7.3	30.1	45.1	16.8
일반성도	1.4	11.4	28.6	44.5	18.5

〈표 3〉 신앙교사라는 부모의 자기정체성에 대해

직분	전혀 드리지 않는다	거의 드리지 않는다	아주 가끔 드린다	가끔 드린다	정기적으로 드린다
목회자	10.7	17.9	39.3	28.6	3.6
장로, 권사	9.4	34.4	34.4	15.6	6.3
집사	10.8	45.8	24.7	13.2	5.6
일반성도	9.9	50.7	26.8	11.3	1.4

〈표 4〉 가정예배 실천에 대해

가정신앙교육의 목표

기독교 교육학자인 클라우스 이슬러(Klaus Issler, 1996)는 그의 책 "화목을 위한 가르침"에서 그리스도인의 삶의 궁극적 목적은 '화목'이라고 제시한다.[10] 기독교에서 말하는 화목(reconciliation)의 개념은 하나님, 이웃, 자신 그리고 피조물과의 화목을 포함하는 총체적 개념이다. 이슬러는 이 네 가지 영역의 화목을 다시 영적교제(Communion), 공동체(Community), 인격(Character) 그리고 사명(Commission)이라는 실천적 주제로 재진술하여 설명한다. 재진술된 각각의 주제들은 그리스도인들이 성취해야 하는 각각의 세부목표가 되고, 각각의 세부목표가 균형적으로 달성 될 때, 개인은 전인적이며 총체적인 화목을 경험할 수 있게 된다.

총체적 화목을 위해 필요한 첫 번째 실천목표는 '영적교제'이다. 영적교제는 네 가지 주제 중 핵심 주제로 하나님과 개인의 친밀한 관계를 의미한다. 전통적으로 교회는 예배와 기도, 찬양을 통해 하나님과 영적교제를 나누었다. 영적교제가 하나님과의 수직적 관계를 나타내는 것이라면, 나머지 주제들, 공동체, 인격, 사명은 자신과 이웃, 세상과의 관계, 즉 수평적 관계에 관한 것이다. 두 번째 실천목표인 '공동체'는 개인들 간의 교제를 의미한다. 공동체는 하나님의 구원 계획안에서 화목할 수 있는 사람들과의 친밀한 만남을 의미하며 그리스도를 통한 섬김의 실천을 통해 형성된다. 세 번째 실천적 목표인 '인격'은 가르침을 통해 얻게 되는 개인적 성장을 의미한다. 인격형성의 과정은 교수-학습이라는 과정을 필요로 하며, 교육의 내용도 개인의 신앙인격 형성에 영향을 미친다. 신앙인격은 주어지는 것이 아니라 내용과 과정을 통해 개인 안에서 형성되는 것이다. 마지막 실천적 목표는 '사명'이다. 사명은 세상을 향해 나아가라는 하나님의 명령이다. 사명은 부르심에 대한 구체적이고 실천적인 응답이며, 전도, 봉사, 그리고 섬김과 같은 다양한 형태로 삶 속에서 구체화된다.

영역	하나님과의 관계	이웃과의 관계	자신과의 관계	피조물과의 관계
실천목표 (4C)	영적교제 (Communion)	공동체 (Community)	인격 (Character)	사명 (Commission)
1차적 초점	화목케 하시는 자 (하나님)	화목할 수 있는 사람들	화목하는 과정	화목의 사역
내용	하나님의 계시를 인정하고 순종함으로써 그를 찬양함	그리스도 안에서 하나가 되고 진정한 교제를 경험함	개인적으로 그리스도의 형상에 이르기 위해 양육을 받음	그리스도의 사랑의 복음을 전함, 궁핍한 자들을 돕는 사역을 함, 하나님의 진리를 일과 생활에 적용함

〈표 5〉 이슬러가 제시한 화목의 개념

　　이슬러가 주장한 총체적 화목 개념은 가정에서도 그대로 적용될 수 있다. 일반적으로 화목한 가정이라는 표현은 부부 사이, 자녀와 부모 사이, 자매와 형제 사이의 관계가 좋은 가정을 지칭할 때 사용된다. 위에서 언급했듯이, 기독교적 관점에서의 화목은 총체적 화목을 의미하는데, 이러한 화목은 가족구성원 간의 좋은 관계를 유지하는 것 그 이상의 의미를 가진다. 위에서 제시한 화목의 세부 실천목표들을 가정신앙교육에 적용하면, 첫째, 부모는 자녀들이 가정에서의 예배와 기도생활을 통해 하나님과 인격적인 관계를 가질 수 있도록 도와야 하고(영적교제), 둘째, 건강한 가정 신앙공동체를 통해 자녀들이 신앙적으로 또한 정서적으로 건강하게 성장하도록 도울 수 있고(공동체), 셋째, 가정신앙교육을 통해 자녀들이 경건한 신앙인격을 형성하도록 도와야 하며(인격), 마지막으로, 자녀들이 각자의 부르심을 따라 세상으로 나가 하나님의 자녀로서의 삶을 살아가도록 도와야 한다(사명). 가정은 자녀들이 총체적 화목을 경험할 수 있는 교육현장임이 분명하며 부모는 총체적 화목을 가르치는 교사가 되어야 한다.

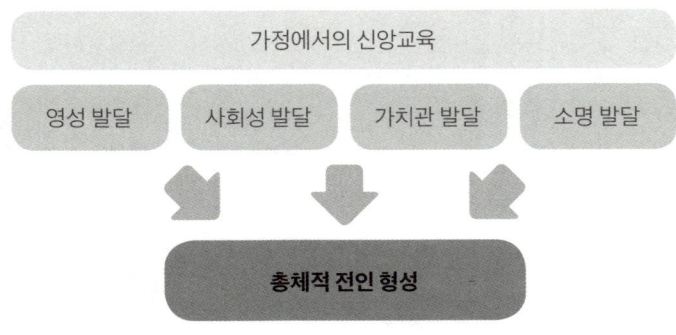

〈그림 1〉 총체적 전인 형성을 위한 가정신앙교육

밥상머리 교육으로부터 배우는 가정신앙교육의 가능성

최근 우리나라에서 집단 따돌림, 학교폭력 등 학교 내에서 일어나는 문제들이 사회문제로까지 확대되면서 이에 대한 사회적 대응으로 국가적 차원의 '인성교육진흥법'이 탄생되었다. 인성문제의 심각성을 사회가 인지하기 시작하고 적극적으로 대응하기 시작하면서 교육부에서도 다양한 인성교육 프로그램을 개발·보급하고 있다. 밥상머리 교육은 학생들의 인성문제가 학교 내에서의 교육만으로는 불충분하다는 인식이 증가하면서 도입된 가정교육 프로그램이다. 지영숙은 밥상머리교육을 삶을 살아가면서 실제적 체험을 통해서 배우는 '생활교육'이자 인성을 형성하는 '인성교육'이라고 정의한다.[11] 밥상머리

교육은 가족이 함께 모여 음식을 먹는다는 공간적 의미 외에도 식사를 하면서 나누는 대화를 통한 삶의 나눔과 식사 예절 뿐 아니라 부모님의 삶의 철학을 물려주는 교육의 시간이다.[12] 강민중도 밥상머리 교육을 우리사회가 오랫동안 사용해오던 전통적인 가정교육 방법으로 소개하며, 밥상머리 교육이 식구들과 함께 식사를 한다는 의미를 넘어서 예절교육과 품성교육이 이루어진 인성교육의 산실이었다고 설명한다.[13]

가정환경은 자녀의 지적, 정의적, 신체 발달에 영향을 주는 중요한 매개이며, 부모는 발달의 성패를 결정짓는 결정적 변인이다. 그러나 현재 우리나라의 가정교육은 거의 부재한 실정이며, 가정교육이 이루어지는 경우에도 성적과 입시에 몰입된 인지적 측면을 중심으로 이루어지고 있다. 뿐만 아니라, 치열한 경쟁사회 속에서 맞벌이 가정이 증가하고, 자녀들이 학원에 머무는 시간이 길어지면서 부모나 가족이 함께 식사하는 빈도가 줄어들고 자녀 홀로 식사하는 경우가 점차 늘고 있는 실정이다.[14] 한국방정환재단과 연세대학교 사회발전연구소(2017)가 공동으로 주관한 '한국 어린이·청소년 행복지수' 조사[15]에서는 부모님과 함께 일주일에 서너 번 이상 저녁식사를 하는지를 묻는 질문에 OECD 국가 평균 응답비율은 78.3%이었던 반면, 한국의 어린이(청소년)의 응답비율은 57.4%로 OECD 국가 중 가장 낮게 나타났다. 함께 식사를 하는 빈도도 적지만 함께 식사를 하더라도 식사 중에 각자 스마트폰이나 TV 시청, 독서를 하면서 의미 없는 식사를 하는 경우도 많다. 이러한 현실은 자녀의 인성과 사회성 발달에 부정적 영향을 미치게 된다. 이러한 가정교육의 부재를 극복하기 위해 시도된 밥상머리 교육시간은 부모와 자녀가 함께 식사시간에 함께 음식을 나누면서 대화를 나누는 소통의 공간을, 부모와 자녀사이의 애착을 형성하는 친밀함의 공간을, 인생 체험과 교훈을 통해 삶의 지혜를 나누는 전수의 공간을 제공한다. 이 공간 속에서 자녀들은 사회구성원으로서 갖추어야 할 인성과 사회성을 배울 수 있는 기회를 얻게 된다.

최근 밥상머리 교육에 관한 교육적 성과를 다루는 연구들을 살펴보면, 밥상머리 교육은 자녀의 인지발달에 긍정적으로 영향을 미치는 것으로 나타났다.[16] 한 예로, 김태희의 연구[17]는, 부모가 책을 읽어 줄 때 취득할 수 있는 어휘수보다 가족식사 중에 취득하는 어휘수가 더 많다는 것을 밝혔다. 노벨상 수상자를 30% 이상 배출한 유대인 교육의 핵심은 안식일 식탁에서 이루어지는 밥상머리 교육에 있다고도 할 수 있다. 뿐만 아니라, 밥상머리 교육은 긍정적 정서 형성과 우울감과 불안과 같은 불안한 정서를 정화시키고,[18] 자녀의 식습관 형성에 영향을 미치고, 사회성 발달에 영향을 미치며,[19] 비행이나 폭력, 문제행동을 감소시키는 것으로 나타났다.[20]

가정신앙교육의 구체적 방법으로서의 가정예배

가정예배의 의의와 유래

은준관은 신앙형성과 교육의 장으로서 가정을 교회와 대등한 위치에 놓는다.[21] 차이가 있다면, 교회가 전통적으로 "공동적이고, 사회적이며 또 공적인 현장"이었다면 가정은 "개체적이며 비공식적인 현장"으로 존재해 왔다. 김기숙도 가정을 신앙교육을 담당하는 "비공식적인 교육현장"으로 설명한다. 유대인들에게 가정은 "하나님의 뜻이 전파되고 또 그 뜻을 따라 살아가게 하는 신비의 통로"였다.[22] 삶과 신앙 그리고 교육이 분리되지 않았던 유대인들에게 가정은 신앙을 교육하기에 최적의 환경을 제공했다.

하지만 현대 우리의 가정은 유대인의 가정과 크게 다르다. 신앙과 삶이 분리되지 않았기에 삶이 직접적으로 신앙교육이 될 수 있었던 유대인들과는 달리 현대 기독부모들은 가정에서 신앙교육을 하는데 있어 많은 어려움을 겪고 있다. 우리가 살아가는 사회는 다원화, 다종교 사회이다. 부모들뿐만 아니라 자녀들도 이러한 사회에 노출되어 직간접적인 영향을 받으며 살아간다. 부모들은 더욱이 지나치게 치열한 경쟁 사회 속에서 쉽게 길을 잃기도 한다. 실제로 많은 기독부모들이 신앙교육이라는 가치를 우선시하기보다는 공부와 진로를 더 중요하고 시급한 과제로 생각하는 경향이 있다.[23] 이런 경향은 신앙과 삶의 분리로 인해 나타나는 현상이다. 그들은 주중과 주일을 분리하고, 교회 안과 밖에서의 삶을 분리하며, 가정에서의 교육과 교회에서의 교육을 분리한다. 그들이 생각하는 신앙교육은 주일, 교회 안 그리고 교회에서 제공되는 교육이다. 따라서 그들의 책임과 역할은 자녀를 주일에 교회로 데려와 교회에서 제공해 주는 교육에 참여시키는 것으로 제한한다. 주중과 교회 밖 그리고 가정에서의 교육은 신앙교육과 별개로 진행된다. 실제로 기독부모들이 이런 인식을 가지고 있다면 그들에게 신앙교육적 측면에서 가정예배를 강조하는 것이 얼마나 효과가 있을지 의문이다.

예배는 모든 그리스도인에게 필요하다. 예배를 통해 죄인 된 인간은 하나님이 값없이 부어주시는 은혜를 경험할 수 있다. 우리는 흔히 예배를 드리는 장소를 교회로 한정하기도 한다. 하지만 요한복음 4장에 기록된 예수님과 사마리아 여인의 대화는 예배의 중요성이 장소에 달려 있지 않음을 보여준다. 참된 예배는 신령과 진정으로 드려지는 예배다. 예배의 장소와 시간이 교회와 주일로 제한될 이유는 없다. 신명기 6장 8-9절은 자녀들이 하나님과 말씀을 배울 수 있는 장소가 가정이라고 말한다. 가정은 초대교회 시기에도 예배의 장소였다. 기독교 역사 가운데서도 가정은 예배와 신앙교육의 현장으로서의 역할을 충실히 감당해 왔다. 시간이 흐른 지금도 가정은 동일하게 예배와 교육의 장소로 적절하다. 가정은 부모와 자녀가 직장과 학교에서 보내는 시간을 제외하고 가장 많은 시간을 함께 보내는 공간이다. 이 공간을 부모와 자녀는 예배의 자리로 만들 수 있다. 특별히 신앙과 삶의 분리가 심각하게 일어나는 현대 그리스도인들에게 가정예배는 그들이 하나님의 은혜를 삶 속에서 지속적으로 경험할 수 있도록 도와줄 수 있는 은혜의 수단(a means of grace)으로 기능 할 수 있다. 하나님 은혜에 지속적으로 노출된 부모는 신앙교육에 있어서도 더 적극적일 것이다. 가정예배는 부모의 신앙성숙을 돕고, 신앙이 성숙한 부모는 자녀를 신앙적으로 양육하는 선순환이 일어날 수 있는 것이다.

현대 사회에 진입하면서 자녀를 향한 부모의 영향력은 현저하게 감소하였다. 테드 바워와 펫분은 '우리 아이들이 열일곱 살이 될 때 누가 그들을 가르치는가?'라는 질문에 자녀들의 교사는 교회도 부모도 학교도 아닌 메스미디어라고 답한다. 실제로 미국의 청소년들은 17살이 될 때까지 미디어를 63,000시간 시청하고, 학교에서 11,000시간을 보내고, 가정에서 부모와 2,000시간을 보내고, 교회에서는 800시간을 보낸다. 시간의 양과 삶에 미치는 영향력이 절대적으로 비례하는 것은 아니지만, 자녀들의 가치관 형성에 누가 주로 기여하고 있는지를 추측하는 것은 어렵지 않다.[24] 다른 관점의 접근이기는 하지만, 싱크 오렌지의 저자 레지 조이너는 교회와 가정의 영향력을 비교하며 '3000/40 원칙'을 제시한다.[25] 즉, 교회가 한 명의 학생에게 영향력을 미칠 수 있는 시간은 1년에 40시간인 반면, 가정에서 부모가 자녀에게 영향을 미칠 수 있는 시간은 3,000시간이라는 것이다. 위의 두 개의 통계를 종합해 보면, 부모는 여전히 영향력을 미칠 수 있는 가능성을 가지고 있지만, 실제로 현대사회에서 그 영향력을 다른 무언가에게 빼앗기고 있다는 것이다. 이 지점에서 기독부모의 각성이 요구된다. 부모는 자녀에게 영향력 있는 존재다. 실제로 인성위기의 교육적 대안으로 시작된 밥상머리 교육이 성공적으로 자녀들에게 긍정적 영향을 미치고 있다는 연구결과들은 가정예배를 포함한 가정에서의 신앙교육의 가능성과 필요성에 대해 다시 생각하게 한다.

가정예배의 교육적 기대 효과

신앙이 자란다

목적 없는 교육이 없듯이 신앙교육적 차원에서 가정예배도 목적을 가지고 있다. 가정예배의 일차적 목적은 온 가족이 함께 가정에서 하나님을 예배하는 것이다. 예배하는 것은 하나님을 인정하는 것이고 하나님이 주신 은혜에 반응하는 것이다. 이런 관점에서 예배는 무언가를 달성하기 위한 수단이 될 수 없고 예배 그 자체가 목적이 된다. 하지만 신앙교육적 관점에서 가정예배는 자녀가 좋은 예배자로 자랄 수 있도록 자녀의 신앙을 훈련시킬 수 있는 의도적인 접근이 될 수 있다. 신명기 6장 4-9절은 가정에서의 신앙교육의 필요성과 방법을 강조하는 대표적인 본문이다. 핵심은 하나님을 알고 하나님을 사랑해야 한다는 것이다. 이전세대는 물론 다음세대에게도 동일하게 적용된다. 이전세대가 알고 있던 하나님과 그분이 행하신 일들이 무엇인지를 다음세대도 알아야 하는데, 그들이 알 수 있도록 돕기 위한 노력이 신앙교육, 즉 가르침이다. 이전세대, 즉 부모와 어른세대는 다음세대에게 그들이 알고 경험한 것을 가르쳐야 할 책임이 있다. 그들의 가르침은 다른 결과를 만들어 낸다. 신앙공동체에서 가르침이 사라진 결과를 사사기 2장 10절에선 이렇게 말한다.

> … 그 후에 일어난 다른 세대는 여호와를 알지 못하여
> 여호와께서 이스라엘을 위하여 행하신 일도 알지 못하였더라

사사기의 저자는 하나님도 알지 못하고 하나님이 행하신 일도 알지 못하는 세대를 주저 없이 "패역한" 세대라고 칭한다. 믿음의 세대가 패역한 세대로 전락하는 데는 삼 세대가 지나지 않았다. 성경에 기록된 이런 비참한 결론은 이전 세대가 다음 세대에게 신앙의 유산을 온전히 전수하지 않았기 때문에 발생했다. 이런 비극이 한국교회의 다음세대에게도 일어날 수 있다. 주일학교 학생 수가 줄어드는 것이 비극이

아니라 하나님도 알지 못하고 그분이 하신 일도 알지 못하는 다음세대가 늘어나고 있다는 것이 한국교회 교회학교의 비극이다. 가정예배는 사회의 가장 작은 단위인 가정에서 드려지는 예배이다. 인격과 사회성 형성에 가장 큰 영향력을 가진 가정에서 부모들이 자녀들에게 하나님을 가르치고 부모와 자녀가 함께 말씀을 읽고 이야기를 나눌 수 있다면 자녀들의 신앙은 보다 성장하게 될 것이다.

교회와 가정은 다음세대에게로의 신앙전수라는 책임을 더 무겁게 받아들여야 한다. 다음세대를 긍휼히 여기고, 그들을 위해 기도하며, 성경을 가르치고, 그들의 신앙이 성장할 수 있도록 도와야 한다. 이를 위해서는 일차적으로 부모의 신앙이 자라야 한다. 성장이 멈춘 교사의 가르침에는 영향력이 없다. 부모가 가정에서 신앙교육의 교사의 역할을 잘 수행하려면 부모는 지속적으로 성장하는 사람이어야 한다. 신명기 6장 6절 "오늘 내가 네게 명하는 이 말씀을 너는 마음에 새기고"라는 말씀은 말씀을 가르쳐야 할 부모의 마음에 먼저 말씀이 새겨져 있어야 함을 지적한다. 신승범도 은혜를 기반한 자녀양육(Grace-based parenting)을 위해서는 먼저 부모가 은혜 충만해야(Grace-filled parent) 한다고 강조하였다.[26] 가정예배를 통해 자녀를 경건에 이르는 길로 인도하려면 부모의 신앙이 성장해야 하고 부모가 먼저 예배를 사모하며 신령과 진정으로 예배를 드리는 예배자가 되어야 한다. 부모의 모범이 가정신앙교육의 가장 좋은 교육방법이다. 모범보다 강력한 교육의 도구는 없다(고전 11:1; 빌 3:17).

사랑이 자란다

현대 가정은 바쁘고 아프다. 치열한 경쟁 사회 속에서 자녀는 자녀대로 부모는 부모대로 바쁘다. 함께 얼굴 맞대고 대화를 나눌 시간도, 함께 식사할 시간도 부족하다. 이혼의 증가, 가정폭력, 가족 구성원들 사이의 갈등, 청소년 자녀의 비행, 노인 문제 등 가정과 관련된 문제도 우리 사회 속에서 지속적으로 증가하고 있다. 기독교 가정이라고 예외는 아니다. 대부분의 가정이 가지고 있는 문제를 기독교 가정도 경험하고 있으며 관계의 미숙함과 어려움 때문에 힘들어하는 부모와 자녀를 어렵지 않게 만날 수 있다. 그리스도인들은 하나님이 주신 가장 큰 계명을 "하나님 사랑과 이웃 사랑"이라고 확신한다(마 22:37-39). 하나님 사랑은 이웃 사랑으로 연결되어야 함에도 불구하고 많은 그리스도인들이 가장 가까운 이웃인 가족을 어떻게 사랑해야 할지 몰라 힘들어 한다는 것은 정말 아이러니한 일이 아닐 수 없다.

자녀들은 자라면서 끊임없이 자신이 사랑받고 있는지를 확인하며, 사랑받고 있는 느낌을 가질 때 안정감을 갖게 된다. 거의 모든 발달심리학자들과 교육학자들은 가정에서의 관계경험의 질(質)이 이후 자녀들의 사회성 발달에 결정적 영향을 미친다는데 일치된 견해를 가지고 있다. 가정에서의 관계 경험의 중요성을 결코 간과할 수 없는 이유가 여기에 있다. 호레이스 부쉬넬은 신앙교육에 있어 가정의 분위기를 강조했던 기독교교육학자이다. 가정을 '언약 공동체'이며 '은혜의 방편'으로 이해한 부쉬넬은 부모의 신앙교육의 책임과 기독교적 양육방법을 강조했다. 그가 강조한 기독교적 양육방법은 가정의 분위기, 부모와의 의사소통, 부모의 양육방법을 의미한다. 자녀는 부모의 사랑과 돌봄을 통해 하나님의 사랑을 깨닫게 되고, 부모의 모범을 통해 신앙을 형성하게 된다. 그에게 가정의 분위기는 곧 교육의 방법이었다. 그가 주장했던 구체적인 신앙교육 방법으로 '가족의 공동기도 생활'이 있다. 그는 공동기도 생활을 기독교 가정에 없어서는 안 될 필수 요소로 보았다. 그가 제시했던 공동기도 생활은 가정예배로 적용될 수 있다. 가족이 함께 모여 기도하는 시간을 통해, 하나님의 말씀을 듣고, 대화를 나누며 가정의 친밀감과 유대는 더욱 강화 될 수 있다.

가치가 자란다

부모는 자녀에게 하나님의 말씀을 가르쳐야 한다(신 6:7). 하나님의 말씀은 자녀들에게 "교훈과 책망과 바르게 함과 의"를 가르치는데 유익하다(딤후 3:16). 자녀들은 가정예배를 통해 하나님 말씀을 읽고 들음을 통해 믿음을 키워갈 수 있을 뿐만 아니라 성경적 세계관을 형성할 수 있다. 미국 기독 청소년들 사이에 성경과 신학에 대한 잘못된 믿음이 확산되는 것에 대해 조지 바나는 다음과 같이 말한다. "십대들 사이에 의도는 선하지만 잘못된 선택과 영적 혼란으로 이끌 수 있는 잘못된 지식에 바탕을 둔 신앙이 퍼져 있다. 성경진리가 … 젊은이들을 흔들어 깨울 수 있도록 하나님의 진리를 전달하는 전략적이고 장기적인 노력이 필요하다." 지난 2015년 시행된 '인구주택 총 조사'에서 발견된 우리나라 종교 지형의 변화 중 가장 두드러진 변화는 무종교인의 증가였다. 무종교인의 증가는 나이가 어릴수록 더 두드러지는 것으로 나타났다(전체 평균: 56.1%, 10대 평균: 62%, 20대 평균: 65.9%). 종교에 무관심한 세대의 출현과 모든 진리를 상대화시키는 포스트모던적 사고가 만연한 현대 사회에서 다음세대에게 성경을 어떻게 가르쳐야 할지에 대한 관심이 필요한 때이다.

가정예배는 자녀들이 부모와 함께 성경을 읽고 찬양하고 기도하는 시간을 제공해준다. 도널드 휘트니는 가정예배의 세 가지 요소로 '성경(읽기, Scripture)과 간구(기도, supplication), 노래(찬양, song)를 제시한다.[27] 그는 성경을 읽는데 있어 성경을 설교하지 말고 자녀들과 함께 읽고 자녀들이 모르는 어휘나 내용은 친절하게 설명해 주라고 조언한다. 그가 제시하는 또 한 가지 방법은 교리교육이다. 교리교육은 거의 모든 전통에서 사용하고 있는 방법으로 질문과 답변을 통해 자녀들이 성경의 진리를 흡수하도록 도울 수 있다. 임경근은 교리문답 교육의 장점을 다음과 같이 소개한다. 첫째, 아이들이 내용을 잘 이해했는지 확인할 수 있다. 둘째, 아이들이 주의를 기울여 성경과 교리 설명을 잘 들었는지 알 수 있다. 셋째, 자녀와 부모가 같은 주제를 가지고 생각과 이야기를 나눌 수 있다.[28] 교리교육은 감성적 신앙에 익숙한 자녀세대의 신앙에 믿음의 기초를 생성해주고, 득세하는 이단의 공격과 유혹을 이길 수 있게 하며, 세상을 성경적 가치관으로 볼 수 있도록 도울 수 있다.

소명이 자란다

소명은 존재이유에 관한 것으로 내가 여기에 왜 있는지에 대해 아는 것이다. 소명은 부르심에 관한 것이며 각자에게 주어진 부르심은 하나님 안에서 발견되어져야 하는 것이다. 동시에 그리스도인들은 소명에 응답해야 하는 책임도 가진다. 가정예배는 자녀들이 그들을 향한 계획을 가지고 계신 하나님께 소망을 두고 감사하며, 부르심의 발견을 위해 기도하고, 인도함을 구할 수 있는 시간이다. 모든 기독부모들은 자녀들을 실천적인 그리스도인으로 성장시킬 책임을 가지고 있다. 부모는 자녀들을 관찰하고 대화를 통해 자녀들의 흥미와 관심, 그리고 재능의 발견을 돕고 성장시켜 하나님이 맡기신 달란트를 잘 활용하여 섬김과 봉사의 살 수 있도록 도와야 한다.

나가는 말: 가정예배를 통한 신앙교육의 방향

인성의 부재를 가정교육의 부재로 인식하고 교육적 대안으로 밥상머리 교육을 시행한 교육부의 시도는 가정을 전인적 신앙교육의 현장으로 인식하고 있는 기독교인들에게 많은 것을 시사해 준다. 가정을 기독교교육의 주요 현장이라고 강조하면서 정작 가정에서의 신앙교육의 부재는 다음세대의 제자화 실패라는 결론에 도달 할 수밖에 없다. 무엇보다 중요한 것은 가정에서 신앙교사로서의 부모의 책임과 역할의 회복이다. 부모는 가정 신앙교육의 중심에 가정예배를 두어야 하고, 함께 예배함을 통해 자녀의 신앙이 성장할 수 있도록 도와야 한다.

가정예배는 하나님을 예배하는 일차적 목적을 가지고 있지만 자녀의 신앙 성숙을 돕는 이차적 목적도 가지고 있다. 신앙 성숙을 효율적으로 돕기 위해 몇 가지 교육적 장치들이 필요하다. 첫째, 가정예배를 의도적으로 드려야 한다. 물론 가정교육이 잠재적 교육과정의 성격이 강하지만 교육적 목적 달성을 위해 어느 정도의 규칙과 형식을 갖추고 있어야 할 필요가 있다. 둘째, 가정예배를 꾸준히 드려야 한다. 가정예배를 아침에 드릴지 밤에 드릴지 일주일에 몇 번을 드릴지 선택해야 한다. 어떤 가정은 가족이 흩어지기 전인 이른 아침이 좋을 수도 있고 모두 일과를 마치고 다시 모였을 때가 편한 가정도 있을 것이다. 예배도 매일 드리는 것이 이상적이겠지만 밥 한 끼 같이 먹기도 힘든 상황에서는 불가능할 수 있다. 일주일에 한 번을 모여도 시간을 정해 놓고 모이는 것이 중요하다. 가정예배를 가정의 전통으로 승화시킬 필요가 있다. 셋째, 가정예배의 성공은 부모의 모범에 달려 있다. 자녀는 부모의 등을 보고 자란다는 말이 있듯이 자녀는 부모를 닮기 마련이다. 자녀들이 가장 싫어하는 것 중의 하나는 이중적인 모습이다. 부모의 신앙과 삶의 괴리가 크면 클수록 부모의 신앙적 영향력도 감소할 것이다. 부모가 예배를 중요하게 생각하지 않으면서 자녀에게 예배를 강요하는 것도 자녀를 불쾌하게 만들 수 있다. 부모가 가정예배를 강조하기 위해서는 부모가 먼저 경건한 그리스도인이 예배를 사모하는 예배자가 되어야 한다. 마지막으로 가정예배에 의사소통은 필수적이다. 가정예배는 교회에서의 예배와 달리 형식에 지나치게 얽매일 필요가 없다. 자녀들에게 설교할 필요도 없다. 함께 성경을 읽고 이야기를 나누는 시간이 되어야 한다. 가정예배 시간을 통해 자녀들의 영적인 필요에 민감히 반응하고 자녀들의 이야기에 귀 기울이고 자녀들을 축복하고 기도해주는 시간이 되어야 한다.

　　한국교회에 가정예배 운동이 일어나길 기대한다. 일반교육의 영역에서 밥상머리 교육을 캠페인 형식으로 진행하여 많은 교육적 성과를 내고 있는 것처럼 교회와 교회학교에서도 가정예배 운동을 시행하여 교육적 성과를 낼 수 있기를 기대해 본다. 풍요로 상징되는 가나안 입성을 목전에 두고 온 이스라엘을 불러 모아 이스라엘의 영적 각성과 다음세대 교육의 필요성을 역설했던 모세와 같은 안목이 우리에게도 필요하다. 신앙교육은 신앙공동체 전체의 책임이며 가정은 신앙교육의 주요현장이고 부모는 신앙교육의 교사로서 할 수 있는 모든 방법을 다 동원해야 한다. 작은 시작은 자녀와 함께 가정예배를 드리기 시작하는 것이다. 변화는 거기에서부터 시작 될 것이다.

4장

가정예배의 어제, 오늘 그리고 내일

박신웅

가정예배의
어제, 오늘 그리고 내일

박신웅 박사[*]

(총회교육원 원장)

경건한 자녀를 기르고 싶습니까? 우리가 흙으로 돌아간 뒤에도 후손들이 하나님을 섬겼으면 좋겠습니까? 그렇다면 그들도 하나님을 경외하도록 가정예배로 함께 모여 힘써 훈련시키십시오.
— 찰스 스펄전

들어가며

근래, 가정예배가 다시금 시선을 끌고 있다. 신앙교육에 백약(百

---

[*] 펜실베니아주립대학교 성인교육학(Adult Education) 박사 학위(Ph.D.)를 취득하고, 총회교육원장과 목상집 복있는 사람 발행인으로 섬기고 있으며, 현재 모교인 고려신학대학원 겸임 교수로 재직하고 있다.

藥)이 무효라는 생각이 지배적인 상황에서 가정에서 신앙교육을 하는 것을 한국교회가 활로로 생각하면서다. 신앙교육을 가정에서 하려다 보니 가정예배가 가장 좋은 신앙교육의 기능을 감당할 수 있겠다는 판단에서 각광을 받고 있는 것일 게다. 기실 가정예배의 전통은 오래고 깊다. 도널드 휘트니는 비록 명시적으로 가정예배를 드려야 한다고 나와 있지 않지만, 성경이 분명하게 가정예배의 전통과 형태를 보인다고 단언한다.[1] 이어지는 초대교회 시대는 이러한 전통이 고스란히 남아 가정예배가 자연스럽게 드려진다. 이에 대해 라이먼 콜먼은 사도시대 직후 수십 년간 그리스도인들이 가정예배를 드렸다고 다음과 같이 지적한다.[2]

> 아침 일찍 가족이 모여 구약성경의 한 대목을 읽은 다음, 찬송을 부르고 기도했다. 기도할 때는 간밤에 무사히 지켜 주시고 건강한 몸과 마음으로 만나게 하신 좋으신 전능자께 감사를 드렸다. 아울러 하루의 위험과 유혹에서 보호하여 주시고, 모든 본분에 충실하게 하시며, 매사에 그리스도인의 소명에 합당하게 행할 능력을 주시도록 그분의 은혜를 간구했다. … 저녁에도 가족들은 잠자리에 들기 전에 다시 모여 아침과 똑같은 방식으로 예배했다. 한 가지 차이라면 하루를 시작할 때는 편의상 시간 제약이 따랐으나 저녁에는 예배가 상당히 길어졌다는 것이다.

이러한 전통은 교부시대를 거쳐 4세기의 크리소스톰의 때까지는 유지되었으나, 이후 중세 시대에 들어 사라져 "유물"이 된다.[3] 하지만

인쇄술의 발달과 종교개혁의 영향으로 개인의 가정에 성경이 보급되면서 가정예배는 다시 살아나 활발하게 성도들의 가정마다 드려졌다. '만인제사장직'을 역설했던 종교개혁자 마틴 루터는 가정에서 부모가 더욱 적극적인 신앙교육의 역할을 감당해야 함을 말하였는데, 아버지와 어머니를 '가정의 주교'(Hauss-Bischoffe) 혹은 '가정의 설교자'(Hauss-Prediger)라고 표현하면서 가정예배가 중요함을 알렸다.[4] 이 전통을 이어 받은 스코틀랜드 장로교회는 웨스트민스터 신앙 고백서를 채택하였는데 그 고백서에는 다음의 내용이 들어 있다.[5]

> 현 복음시대에 기도나 종교적 예배의 어떤 순서도 행하는 장소나 향하는 곳에 매여 있지 않으며 더 잘 받아들여지는 것도 아니다. 그러나 매일 가정에서나 은밀하게 홀로, 그리고 어디서나 영과 진리로 하나님을 예배할 수 있다. (21장 6절)[6]

이러한 웨스트민스터 신앙고백서의 정신을 이어받은 스코틀랜드 교회는 1647년 8월 24일 총 14장에 걸쳐 '가정예배 지침서(The Directory for Family Worship)'를 제작하여 발행하였다.[7] 이 지침서는 이전에 없던 보다 체계적, 구체적, 공식적, 실제적인 가정예배 모범을 보여주며 이후의 여러 가정예배의 기준을 제시한다. 결국, 이 모범을 기준으로 이후의 여러 가정예배 형태가 정착, 발전, 쇠퇴, 그리고 새로운 시도들이 이루어진다. 이러한 이유로 본 글은 스코틀랜드 교회의 '가정예배 지침서'와 그 이후의 가정에 대한 논의에 나타난 유익에 대해 살펴보고, 그 후의 교회역사와 오늘의 다양한 가정예배의 형태들을 비교,

분석하고 오늘 한국교회에 가정예배가 더욱 잘 정착될 수 있는 실제적인 제언 몇 가지를 하려 한다.

스코틀랜드 교회의 '가정예배 지침서'에 나타난 가정예배의 유익

'가정예배 지침서' 이전의 가정예배를 위한 시도들

케리 피텍에 의하면 성경적인 형태의 가정예배는 중세시대에는 무시되어 왔지만 고립된 '기독교 왕국'인 발더교도들에게는 은밀하게 지속되었다고 한다. 그들은 지도자를 '목사와 가장'이라고 불렀고, 교리문답에는 '가정 준칙(Household Duties)'이라는 부록이 포함되어 있다. 이 문답은 사실상 보헤미안 형제단의 교리문답과 동일한데, 그 연대가 1467년에서 1521년 사이에 작성된 것으로 이 문서의 기본 내용이 루터의 소교리문답(1531년)의 모델로 사용되었고, 그 결과 이 교리문답에도 부록으로 '가정 준칙'이 포함되었다고 한다.[8]

성경번역으로 유명한 윌리엄 틴데일이 번역한 영어성경은 1526년에 발간되었는데 하나님의 말씀을 종교지도자들이 아닌 평범한 성도들에게 전해지는 것을 목적으로 번역하였다. 틴데일은 "모든 남성은 자기 권속과 그의 지배 아래 있는 모든 사람들에게 말로나 행위로 설교해야 한다."고 믿었다.[9] 이 틴데일의 번역본을 기초로 삼았던 제네바 성경의 각주에는 가장은 가정의 설교자가 되어야 한다고 강하게 주장하고 있다.[10] 네덜란드 개혁교회도 1618년에서 1619년에 걸쳐 도르트 총회를 개최하였는데, 여기서 그들은 자녀들을 신앙적으로 교육하기 위해 부모들이 가정에서 신앙교육을 할 것을 강조하였다. 이를 위해 부모들은 가정에서 자녀들이 개인적으로 기도하도록 훈련 할 뿐 아니라, 주일의 공예배에 들은 말씀과 배운 교리문답에 대해 토론하고 성경을 규칙적으로 한 장씩 읽도록 권고하였다.[11]

전술한 것과 같이, 스코틀랜드 장로교인들이 가정예배에 관해서 다른 개혁 교회들보다 훨씬 앞서 있는데,[12] 16세기 말 스코틀랜드 교회 총회에서는 목사가 심방을 하면서 가장 신경 써야 할 것으로 가정마다 가정 재단을 쌓도록 독려하는 일이었다고 한다. 이와 더불어 웨스트민스터 신앙고백서 자체가 이미 서문에서 이 신앙고백서를 가정에서 '특별히 가장'들이 사용하여 가정교육용과 예배용으로 사용할 것을 언급하여, 가정예배가 얼마나 중요하고 필요 불가결한 것인지를 가르치고 있다. 이러한 맥락에서 스코틀랜드 교회의 '가정예배 지침서'가 작성되었음은 주지의 사실이다.

'가정예배 지침서'가 말하는 가정예배의 유익

'가정예배 지침서' 소개

서문에 의하면 가정예배 지침서는 '가정예배를 게을리하는 (neglect) 사람들을 깨우치기' 위한 목적으로 준비되었는데, 총회가 목사와 장로가 각자 책임을 맡고 있는 회중에게 부지런히 확인하도록 격려하고 있다.[13] 그리고 가장들 중에 가정예배를 태만히 하면 은밀하게 먼저 권면하고, 그것이 어려우면 제직회에서 엄중히 경고하고 그것도 받아들여지지 않으면 성찬에 참여할 자격을 박탈하도록 하고 있다. 이처럼 가정예배 지침서는 가정예배 시행을 모든 성도들의 가정에서 가장 우선적으로 시행해야 할 최우선 순위로 여기고 있다.[14]

이 지침서는 총 14장으로 구성되어 있는데, 1장은 가장이 개인예배 및 가정예배의 책임이 있음을 말하고 2장은 가정예배의 구체적인 내용을, 3장은 성경 읽기와 함께 가족들과 가장이 질문하고 답변하면서 보다 실제적인 가정예배가 되도록 해야 함을 지적한다. 4장은 목회자들이 가장을 잘 독려하여 가정예배를 드리게 하되, 가장은 가족 구성원 전부가 한 명의 열외 없이 참여하도록 해야 하며, 5장은 가정예배를 인도할 자격이 없는 이는 제외하고, 6장과 7장은 가급적 가족 외에 다른 이들의 방해 없이 예배해야 한다고 지적한다. 8장은 가정예배가 주일 예배와 연결되어야 하고, 9장은 기도와 연결되어야 하며, 10장은 교회 지도자들이 각 가정에서 가정예배를 잘 드릴 수 있도록 격려하고 도와야 함을 말한다. 그리고 12장과 13장은 말씀과 관련하여 악한 세대 가운데서 어떻게 받아들여야 할지를 가르쳐 주고, 14장은 이러한 하나님께서 부여하신 의무(기도, 감사, 말씀을 읽고 묵상하고 나누며 실천하는)에 충실할 것을 당부한다.

'가정예배 지침서'가 말하는 가정예배의 유익

가정예배 지침서가 작성될 당시의 스코틀랜드 교회 및 영국 청교도들은 세 가지 유형의 예배를 드렸다. 공적인 예배인 회중예배(public worship)는 제직회의 통제 하에 드려졌고, 사적인 예배인 가정예배는 가장이 인도했으며, 또 다른 합법적 예배인 개인 예배(family worship)는 은밀하게 드려지는 예배(secret worship)였다.¹⁵ 이 예배들은 서로 긴밀하게 연결되어 있는데, 각각이 개별적이지만 회중예배와 상호 긴밀하게 연결되어 있었으며, 회중예배에서 읽히고 선포된 말씀과 가르쳐진 교리문답이 결국은 개인예배와 가정예배에도 읽히고 권면하는 방식으로 진행되었다.

이런 의미에서 '가정예배 지침서'는 회중예배에 참여한 성도들로 하여금 그때 받은 은혜를 잊지 않고 가정과 개인이 한 주간 가장의 인도 하에 다시금 되새기며 실제로 적용, 실천할 수 있도록 돕는 역할을 하였음은 주지의 사실이다. 같은 맥락에서 이를 활성화하고 보다 구체화하기 위해 가정예배 '지침'을 주고 이를 단순히 개인에게만 맡긴 것이 아니라 총회 차원에서 지도하고, 교회별로 당회가 지도 감독하면서 가장들을 훈련시키고 격려하는 역할을 했던 것이다. 아울러, 이 지침서를 통해 가장들(the head of family)이 어떻게 가정에서 예배를 드리며 인도해야 할지 구체적인 내용을 명시함으로서 공허한 지침이 아닌 구체적이고 실제적인 지침이 되도록 하였음을 알 수 있다. 그래서 이 지침서에 가정예배를 구체적으로 실행할 책임과 임무(Duties)를 명료화 했고, 그에 따라 심지어 책임을 물어 징계하기 까지 하면서 널리 가정예배를 확산시키려 하였음을 보게 된다.¹⁶

피텍은 이 지침서와 관련하여 몇 가지 설명을 하는데 그 중에 몇 가지 유익을 유추해 볼 수 있다. 첫째, 가정예배는 가족 전체의 영적인 유익을 준다. 피텍에 의하면 가정생활에서 최우선 순위는 가정예배다. 가정예배가 선택이 아니라 필수라는 것이다. 즉 가정예배를 통해 가정의 정체성과 세상의 염려와 압박 가운데서도 이겨낼 하나님의 뜻을 발견하도록 돕는 역할을 하기에 가정예배가 최우선이 되어야 한다고 한다. 둘째, 가정예배는 교육적 유익을 준다. 지침서에 의하면 당시의 상황은 회중들 앞에서 여성과 아이들은 말하는 것이 금기되어 있지만, 가정에서 성경을 읽고 토론하면서 성경 내용을 실생활과 연관지어 고민하고 나누는 기회를 제공한다. 이를 통해 보다 구체적이고 실질적인 교육이 되도록 돕는다.

셋째, 가정예배는 가장의 영적 책무를 분명히 해 준다. 알렉산더가 지적하는 것처럼 사회가 산업화가 되면서 장로교 남성들이 가정을 떠나 일에 몰두하면서 가정예배가 쇠퇴하였지만, 가정예배 지침서는 이러한 상황에 다시금 가장들의 역할을 새롭게 보게 만든다.[17] 넷째, 가정예배는 주일 예배의 은혜를 지속시키며 주일학교 교육에서 주지 못하는 교육적 효과를 가지게 한다. 가정예배는 주일에 받은 은혜를 나누는 장이며, 실제적인 토론과 고민을 나눔으로 보다 구체적인 실천의 장을 열어준다. 하지만 피텍이 지적한 것처럼 어린이들을 공예배에서 배제하는 오늘의 주일학교 교육은 이 지침서의 기본 정신과 위배된다. 오히려 "모든 가족이 설교를 듣지 않으면 어떻게 다 같이 설교를 논하는 것이 가능할 수 있"는지 의문을 품는 것이 당연해 보인다.[18] 마지막으로 가정예배는 가족과 교회, 이웃과 나라를 위한 기도 시간을 두어 기도하는 훈련을 하게 만들어 준다. 아울러 이 모든 것을 통해 영적 성숙과 성화로 나아가도록 돕는 역할을 한다.[19]

'가정예배 지침서' 이후, 가정예배에 대한 유익의 관점들

1689년 작성된 제2차 런던 신앙고백서는 침례교의 역사상 가장 영향력 있는 교리문답인데, 이 문서에는 웨스트민스터 신앙고백서와 동일한 다음의 문구가 나온다. "하나님은 어디서나 영과 진리로 예배를 받으셔야 한다. 매일 가정에서 따로 그리고 개인마다 은밀히 그분을 예배해야 한다."[20] 이로 볼 때, 당시 장로교와 침례교가 공히 가정예배의 중요성을 인식하고 그들의 교리의 필수로 못 박아 넣어 모든 성도들이 실천하도록 하였음을 알 수 있다.

제임스 알렉산더가 말하는 가정예배의 유익

이러한 전통을 이어 받은 신학자 제임스 알렉산더는 전성기 때의 교회가 가정예배를 중시했고, 가정예배야말로 온 가족이 하나님을 예배하기에 가장 적합하다고 지적한다.[21] 그가 말하는 가정예배가 주는 유익에 대해 피텍이 잘 정리하였는데, 다음의 몇 가지를 들 수 있겠다.

① 가정예배는 가장의 경건을 향상시킨다.
② 가정예배는 '선데이 크리스천'이 일상에서의 그리스도인으로 살아가도록 돕는다.
③ 가정예배는 가장이 자신의 성화 뿐 아니라 가족들을 영적으로 인도함으로 자신의 영적 재능을 개발하도록 돕는다.
④ 가정예배는 부모를 교육하는 효과를 가진다.
⑤ 가정예배는 가장의 영적 지도력을 보존시킨다. 영적 지도자로서 가

장의 위치를 보존해 주고, 그로 권위를 가지도록 돕는다.
⑥ 가정예배는 가장에게 가르칠 능력을 부여한다.
⑦ 가정예배는 가장을 성화시켜준다.
⑧ 가정예배는 세속주의와 물질주의로부터 가정을 보호해 준다.
⑨ 가정예배는 자식들에게 성경을 가장 잘 가르칠 수 있는 최상의 조건을 제공한다.
⑩ 가정예배는 지적인 향상을 가져온다. 많은 부모들이 성경읽기 교육을 통해 덜 중요한 읽기와 기타 지적인 향상 능력도 가져오도록 한다고 한다.
⑪ 가정예배는 가족의 유대를 강화한다. 이로 볼 때, 가정예배는 개인과 가정 뿐 아니라 교회와 사회 전반에 유익을 선사한다고 지적한다.[22]

보디 바우컴이 말하는 가정예배의 유익

보다 현대로 넘어오면 다양한 가정예배의 유익에 대해 말하는 사람들이 있다. 그 중에서도 보디 바우컴의 지적에 주목할 만하다. 그는 가정예배가 주는 일곱 가지 축복이 있다고 말하는데 그 내용은 다음과 같다.

① 가정예배를 통해 하나님을 높여드린다.
② 가정예배는 가족들을 하나님께로 가까이 이끈다.
③ 가정예배는 가족 간의 친밀감을 더한다.
④ 가정예배를 통해 신앙의 전수가 일어난다.
⑤ 가정예배를 통해 가족의 영적 상태를 파악할 수 있다.

⑥ 가정예배는 어린 자녀들에게 훈련의 기회가 된다.
⑦ 현대적인 예배는 수동적이고 관람하는 성격이 짙은데 협력하여 드리는 가정예배는 더 깊은 의미를 깨닫도록 돕는다.[23]

조엘 비키가 말하는 가정예배의 유익

개혁주의 신학자이자 목회자인 조엘 비키는 언약의 자손을 양육하는 것에 대해 다양한 책을 출간하여 주목을 받고 있다. 그는 언약의 자손들에게 복음을 전할 수단으로 다섯 가지를 들고 있는데, 기도, 가정예배, 교리문답교육, 경건한 대화와 경건한 모범이 그것들이다. 그 중에서도 가정예배에 대해서 그는 강조하는데, 그가 말하는 가정예배의 유익 혹은 이유는 다음과 같다.[24]

① 배우자와 자녀들과 우리 자신의 영원한 행복을 위해
② 선한 양심의 충족을 위해
③ 자녀들을 양육하는데 도움이 될 강력한 도구이므로
④ 인생이 짧기 때문에
⑤ 하나님의 영광과 그분의 교회의 행복을 위해

도널드 휘트니가 말하는 가정예배의 유익

영성학자인 도널드 휘트니는 주로 자녀 교육과 관련하여 가정예배의 유익을 말해 주었는데 그 내용은 다음과 같다.[25]

① 자녀의 삶 속에 매일 복음을 말해 줄 수 있는 최고의 방법이다.

② 자녀가 당신에게서 꾸준히 하나님을 배울 수 있는 최고의 방법이다.
③ 평소 자녀에게 하나님이나 신앙에 대해 늘 편안하게 질문할 기회를 줄 수 있는 최고의 방법이다.
④ 당신의 신앙의 핵심을 자녀에게 전수할 수 있는 최고의 방법이다.
⑤ 자녀가 부모의 지속적이고 긍정적인 신앙 모범을 실생활에서 볼 수 있는 최고의 방법이다.
⑥ 자녀에게 실행 및 재생 가능한 모범을 보임으로써 훗날 결혼하여 가정을 꾸릴 때 기독교 가정다운 가정을 이루게 할 수 있는 최고의 방법이다.
⑦ 가족들이 날마다 함께할 수 있는 최고의 방법이다.

스코틀랜드 교회의 '가정예배 지침서'와 이후 나타난 가정예배의 유형들 분석

'가정예배 지침서'의 가정예배 유형

이후의 전체 가정예배의 유형에 가장 큰 영향을 준 '가정예배 지침서'는 이전의 초대교회의 가정예배 형태인 성경읽기, 기도, 찬양의 순서에 경건한 토론(훈육)이 추가되어 있다. 이는 전체적으로 이후의 가정예배 형태에 가장 큰 영향을 주면서 변화를 가져오게 한다. 그런 의미에서 가장 중요한 틀을 제공한다 하겠다.

순서	세부 설명	전체 평가
1	**기도와 찬양**	기도와 찬양을 하나의 항목으로 간주하는 성경의 경향 반영	가장이 전체를 인도하며 함께 성경을 읽고 훈육하는 것에 중점을 두고 있음
2	**성경읽기** (교리문답 포함)	성경을 읽고 교리문답에 대한 이해를 도움	
3	**훈육** Godly discussion (권면과 질책, 토론이 포함)	가족과 토론을 하며 온 가족이 참여할 기회 제공하며, 실생활에 적용되는 가장의 훈육(권면과 질책)이 따라옴	

〈표 1〉 '가정예배 지침서'의 가정예배 순서[26]

전체적으로 간단하지만 명확한 주제와 방향을 보여준다 하겠다. 성경읽기와 교리문답이 중심이 되어 가장이 가족들을 위해 기도하며, 교회와 이웃을 위한 기도를 통해 기도를 훈련하고 경건한 토론과 훈육을 통해 실제적이고 적용 가능한 교육이 가능하도록 하였다. 아울러 매일 드려지는 가정예배를 통해 짧지만 지속적으로 가정을 세속적인 가치에서부터 건져내고 하나님의 뜻을 찾아가도록 설계, 준비되었음을 알 수 있다.

이후의 다양한 가정예배의 유형들

제임스 알렉산더가 주장하는 가정예배 유형

제임스 알렉산더는 가정예배가 점차 사라져가는 안타까운 상황을 목격하고 가정예배를 회복해야 함을 주장한다. 이를 위해 그는 가정예배가 단순히 개인의 가정과 자녀에게 유익을 줄 뿐 아니라 나아가 교회와 지역사회, 국가와 후손들에게도 선한 영향을 끼침을 역설한다.

그가 말하는 가정예배의 형식은 단순한데, 그는 초대교회 성도들이 기본적으로 시행했던 가장 원초적인 가정예배의 형식을 따르고 있다.[27]

순서		세부 설명	전체 평가
1	성경읽기 (내용 설명 포함)	가장이 읽어줌. 성경 66권 전부를 계획을 세워서 순서에 따라 읽음. 가장이 주석을 참조하여 읽은 내용을 간략하게 설명함.	대체로 이 순서에 따라 진행을 하되, 순서가 바뀔 수 있으며, 추가로 성경 내용을 설명함.
2	기도	세세한 내용을 토로하고, 간단명료하게 기도해야 함. 기도문을 읽기보다 자유롭게 기도함.	
3	찬양	찬송을 통해 가족의 신앙심을 고취하고 신앙교육의 중요한 수단이 됨.	

〈표 2〉 제임스 알렉산더의 가정예배 순서

제임스 알렉산더는 가정예배 시간을 비교적 짧게 하되, 규칙적이고, 계획적으로 할 것을 당부한다. 성경이 많이 보급되지 않은 당시의 상황을 고려하면 가장이 성경을 읽어 줄때가 거의 유일하게 성경을 접할 수 있는 시간임으로 교육적 효과가 지대했다. 그리고 가장은 성경을 읽는 중간 중간 가족들에게 그 내용을 이해할 수 있도록 주석을 참조하여 설명을 겸하도록 하였다. 기도 시간에는 온 가족이 공적인 예배에서는 할 수 없었던 보다 자유로운 기도를 통해 하나님께 심정을 토로하고, 구체적인 기도제목을 나누며 기도를 들으시는 하나님을 경험하도록 하였다. 무엇보다 찬양 시간은 스코틀랜드 장로교회의 전통과 같이 가정예배에서 빠질 수 없는 순서로, 하나님을 높이고 곡조가 있는 기도와 찬양을 통해 보다 친숙하게 성경과 성도의 기본적인 신앙지식을 배울 수 있는 기회가 되기도 하였다.

'가정예배 지침서'와 제임스 알렉산더의 영향을 받은 가정예배 유형 분류

스코틀랜드 교회의 '가정예배 지침서'와 제임스 알렉산더의 가정예배 유형은 비슷한듯하나 조금의 차이를 보인다. 전자는 훈육을 필수요소로 여기고 기도와 찬양을 하나의 순서로 여긴다. 반면에 후자는 기도와 찬양을 구분하고 성경읽기에 내용 설명을 포함하여 토론하는 방식으로 진행한다. 이렇듯 비슷하지만 약간의 차이를 보이는 이 두 주요한 가정예배 형식은 각각 다른 다음의 다섯 가지 유형으로 오늘날 나타나고 있으며, 대부분의 가정예배들이 이러한 형태에 기대어 진행되고 있음을 알 수 있다. 각각의 저자가 필수적으로 중요하다고 말하는 요소에 O을 표하여 어떤 순서에 방점을 두고 있는지 표하였다.

순서		도널드 휘트니	보디 보우컴	제이슨 헬로풀로스	케리 피텍	조엘 비키	전체 평가
1	성경읽기 (내용 설명 포함)	O	O	O	O	O	케리 피텍은 '가정예배 지침서'의 순서를 따라 훈육과 기도와 찬양 그리고 성경읽기를 따르고, 도널드 휘트니와 보디 바우컴은 알렉산더의 유형을 따른다. 그리고 조엘 비키는 변형된 형태의 성경 가르치기를 추가하고 있다.
2	기도	O	O	O	O	O	
3	찬양	O	O	O	(선택사항)	O	
4	성경 가르치기				추가 가능: 성경 암송, 교리 문답, 경건서적 읽기 등	O	
5	훈육				O		

〈표 3〉'가정예배 지침서'와 알렉산더에 영향 받은 가정예배 유형 분류

케리 피텍

케리 피텍의 가정예배의 유형은 스코틀랜드 교회의 '가정예배 지침서'를 그대로 차용하고 있다. 그는 죄를 질책하고 잘못을 바로 잡는 형태의 훈육이 가정예배에서 꼭 필요하다고 한다. 아울러 성경읽기 또한 필수 불가결한 요소로 경건 서적 읽기로 성경읽기를 대체할 수 없다고 한다. 특별히 어린이와 일대일 성경공부 형식으로 가정예배를 드릴 때는 다음의 순서에 따라 진행하면 좋다고 한다.[28]

㉠ 아이가 마음속으로 성경 구절을 읽게 한다.
㉡ 어려운 낱말의 뜻을 물어본다.
㉢ 올바른 발음과 리듬으로 아버지가 큰 소리로 성경구절을 읽는 것을 듣게 한다.
㉣ 아이가 큰 소리로 성경 구절을 읽는다.
㉤ 아버지가 질문을 던지고, 함께 토론한다.

피텍에 의하면 기도와 찬양은 가정예배의 선택사항으로 가정예배를 더욱 풍성하게 할 수 있다고 한다. 단, 기도와 찬양을 할 때 가장의 리더십을 유지하고 미리 기도문을 준비하거나 즉흥적으로 성경을 인용하며 기도할 수 있다고 한다.

도널드 휘트니

도널드 휘트니는 라이언 콜먼의 지적을 인용하면서 사도 시대 이후로 지속적으로 실천된 알렉산더의 가정예배 방식인 "그저 읽고 기도하고 찬송하라"고 한다. 성경읽기는 모든 책을 장별로 가족과 함께 통독하되, 열정을 품고 해석하며 읽으라고 권한다. 자녀에게 어휘를 설명하며 중요 구절의 의미도 미리 파악하여 가르쳐 주라고 한다. 일종의 읽기와 내용 설명을 합친 형태이다. 이어 기도는 아버지가 하거나 아버지가 지명한 사람이 하거나, 가족들이 돌아가면서 할 수 있다고 한다. 그리고 기도할 때 그날 읽은 본문과 연관된 기도를 하는 것을 권하며 찬송의 경우 가능하면 찬송집을 가족 수대로 장만하여 진행할 것을 권한다. 사실 이러한 방식은 매튜 헨리도,[29] 스펄전도 공감한 방식으로 가장 오래된 가정예배 방식이기도 하다.[30]

보디 보우컴

보디 보우컴 또한 알렉산더의 가정예배 방식을 차용하면서 이것이면 족하다고 한다. 대략 하루에 15-20분 정도의 시간을 할애하여 찬양, 성경읽기, 기도를 하라고 권한다. 찬양은 찬송가나 가족들이 제일 좋아하는 찬양, 평소 교회에서 부르는 찬양, 말씀 암송 찬양 등이 가능하며, 자녀들이 찬양을 통해 위대한 진리를 배우도록 도우면 된다고 한다. 그리고 성경은 매일 잠언을 한 장씩 읽도록 권한다. 이것은 도널드 휘트니 알렉산더와는 다른 방식으로 교육적 차원에서 접근하는 것으로 보인다. 기도는 상대방을 위해 기도하고 매주 기도제목을 적고 기도하면서 하나님이 응답하시는 분임을 확인시켜주라고 한다. 시간을 가족들이 가능한 시간을 정해서 실시하고 중요한 것은 지금 시작하는 것이라 지적한다.[31]

제이슨 헬로풀로스

제이슨 헬로풀로스(Jason Helopoulos)는 가정예배를 '잊힌 은혜(a neglected grace)'라고 하면서 이것을 다시 찾아야 함을 강조한다. 그는 장로교 전통과 다르게 가정예배도 예배라고 말하면서 단순한 성경읽기나 오락을 위한 가족 시간이 되면 곤란하다고 주장한다. 성경읽기를 할 때는 아이들이 어려서 이해하지 못하면 어떡하나 하는 고민을 하기보다는 시도해 보라고 권한다. 다만, 매일 한 장씩 성경을 읽되 너무 어릴 경우에는 구절을 정해서 읽고, 읽기 전에 미리 간략하게 그 장이나 구절의 내용을 설명하고, 이후에 어려운 구절이나 내용에 대해 설명해 주라고 한다. 그리고 성경은 항상 확신을 가지고 큰 소리로 읽으라고 한다. 기도를 할 때는 다양하게 기도할 수 있는데, 하나님을 높이고(adoration), 죄를 고백하고(confession), 중보기도를 하며(intercession), 감사(thanksgiving)하는 내용으로 기도하라고 한다. 너무 긴 시간을 할애할 필요가 없고 가족들 중에 정해서 돌아가면서 기도하는 방법도 가능하다고 한다. 찬송을 할 때는 가족 모두가 아는 찬양을 하며, 가급적 찬양을 통해 성경구절을 암송하거나 성경 내용을 상기시키면 좋겠다고 한다. 그리고 가능하면 성경암송, 교리문답, 경건서적 등도 함께 읽고 활동하는 것도 가능하다고 한다.[32] 결국, 제이슨 헬로풀로스의 가정예배 방식은 전형적인 가정예배 방식으로 진행하도록 하였음을 알 수 있다.

조엘 비키

개혁주의 신학자이자 목회자인 조엘 비키는 기존의 알렉산더의 가정예배 형식에 '성경 가르치기' 순서를 포함하여 4단계로 가정예배를 드릴 것을 권한다. 성경읽기의 경우 먼저 계획을 세워 성경전체를 통독하도록 준비하고, 특별한 날에는 관련된 성경 구절을 읽게 하고, 모든 가족이 함께 각자의 부분을 읽도록 권한다. 성경 가르치기의 경우 교리적으로 바르게 가르치기 위해 십계명, 주기도문, 사도신경을 중심으로 가르치도록 권한다. 알기 쉽도록 의미를 전달하고 질문을 끌어내도록 하라고 한다. 기도에 대해서는 자연스럽고 진지하게 하고, 그분의 이름을 부르며, 죄를 고백하고 하나님의 자비를 구하라고 한다. 그리고 가족의 친구들을 위해서 기도하고, 찬양하며 마무리 지으라고 권한다. 가족이 좋아하는 찬송을 부르며, 시편 찬송과 같이 암기를 할 수 있는 것도 도움이 된다고 한다.[33]

근래 한국의 가정예배 유형과 창의적인 가정예배 유형들

근래의 한국의 가정예배 유형들

근래 한국교회 내에 가정예배에 대한 고민과 관심이 부쩍 늘었다. 그래서인지 가정예배에 대한 다양한 시도와 고민이 있어 보인다. 그 중에서도 근자에 가장 많이 회자되는 목회자와 교회, 혹은 기관을 통틀어 사용되고 있는 다양한 가정예배 형태들을 취합해 보았다. 전체적으로 알렉산더의 '성경읽기—기도—찬양'의 구조를 놓지 않고 있지만 조금씩 지향하는 바에 따라 특징과 방향에 차이가 있어 보인다. 아울러, 대상이나 저자군도 다양한데 아래의 표에서 알 수 있듯, 개인

대상	이영훈	임경근	야곱의 식탁
순서	① 신앙고백 ② 찬양 ③ 성경 읽기와 내용 설명 ④ 나눔의 시간 ⑤ 결단의 시간 ⑥ 기도 ⑦ 성경 암송 ⑧ 주기도문	① 성경읽기 ② 기도 ③ 찬양 ④ 교리 설명 읽기 ⑤ 질문에 따라 토론하기	① 찬양 ② 축복 ③ 성경 읽기와 대화 　（토론） ④ 기도
설명	• 일반 공예배의 순서를 그대로 따라 진행함. • 절기와 주제에 맞춰 본문이 구성됨. • 성경본문의 연속성이 떨어짐. • 친절한 설명으로 인도하기 편리함.	• 말씀—기도—찬양의 알렉산더와 초대교회의 가정예배 형식에 교리 설명 읽기와 토론하고 얘기 나누기를 추가한 형태. • 교리 설명으로 인도하기 편리함. • 365일 동안 교리 전체를 이해하며 함께 배울 수 있음.	• 말씀—기도—찬양의 기본 구도에 순서가 조금 바뀌었고 축복의 순서가 첨가된 형태. • 구약의 축복문을 넣어 가족들이 서로 축복하고, 성경을 읽고 대화를 통해 토론하며 나누는 형태를 취함.
비고	[가정예배서 물댄 동산] 참조 대형교회 목회자	[교리와 함께 하는 365 가정예배] 참조 개인 목회자	[야곱의 식탁] 참조 개별 교회
형태	교리와 성경읽기 중심 (공예배/ 고정된 형태) ←		

〈표 4〉 근래의 한국교회 가정예배 유형 분류

총회교육원	백흥령, 최지혜	심형섭
① 마음을 열어요 — 역할 정함, 감사와 축복의 인사, 마음 날씨를 말함 ② 말씀 속으로 — 찬양, 성경읽기, 성경공부, 기도 ③ 오늘의 에피소드 — 예배 시간 되돌아보기, 성경 쓰기, 스티커 붙이며 평가하기	① 모이기 ② 기도 ③ 하루를 돌아봄 — 기뻤던 일, 회개, 행복한, 슬픈 일 ④ 찬양 ⑤ 성경 읽기 ⑥ 보석 비빔밥 가정예배 — 스토리텔링, 몸으로 찬양 (율동), 놀이, 성경쓰기, 암송, 마무리 활동 ⑦ 기도 ⑧ 안아주기	① 회중이해 ② 말씀 선정 ③ 스타일 결정 ④ 역할 정하기
• 마음 열기—찬양—성경 읽고 내용 공부—기도—성경 쓰기—스티커로 평가 활동하기로 이어짐. • 전체적으로 성경읽기와 찬송—기도의 요소에 마음을 열고 역할을 부여하며, 다함께 하는 활동을 부여하여 참여자들이 소외되지 않도록 하였음.	• 기도—찬양—성경읽기의 큰 틀을 가지고 있으나 예비 활동이 많음. • 하루를 돌아봄의 시간과 보석 비빔밥 가정예배 시간에 활동 중심으로 진행됨. • 유아와 유치의 어린이들에게는 유익해 보임. • 개별 활동이 상세히 나와 있어 인도하기 편함. • 너무 내용이 많아 준비가 많이 필요함.	• 말씀—기도—찬송의 기본 요소를 강조하되, 회중의 연령적, 상황적, 이슈적, 신앙적 수준에 따라 인도자가 형태를 달리 진행할 수 있도록 전통적 예배, 기도회, 큐티 묵상과 나눔, 비블리오 드라마, 말씀 읽기와 토론, 간증과 기도 나눔, 게임과 활동, 가족 문화 활동으로 가능하도록 기획한 형태.
[쓰는 가정예배] 참조	[보석 비빔밥 가정예배] 참조	[가정 예배 건축학] 참조
교육기관	개인 목회자/ 출판인	학자(교수)

→ 활동과 참여자 중심 (개인예배/ 유동적 형태)

목회자, 교회, 학자, 대형교회 목회자, 기관, 개인 출판 사역 목회자까지 포함하고 있다. 이들의 각각의 대상과 가정예배 순서, 그리고 특징적인 설명과 참고한 도서들을 중심으로 아래의 내용을 수록하였다.

각 가정예배에 대한 이해

이영훈 목사의 '물댄 동산'[34]

주지하듯이 역사적으로 가정예배는 공예배와 구분되고 비교적 가정에서 자율적으로 진행하였다. 하지만 이영훈 목사의 '물댄 동산'의 경우 공예배의 순서를 대체로 따르고 있다. 이는 성도들이 익숙한 방식으로 가정에서도 예배를 드리도록 택한 고육지책으로 보인다. 평소 신앙고백으로 시작해서 주기도문으로 마쳤던 공예배의 자연스러움이 가정에서도 가능하다 여기기 때문일 것이다. 한 대형교회의 모습이기는 하나, 많은 교회들이 주보나 간지를 나눠주며 이러한 방식으로 예배드리도록 권하고 있다. 가정예배는 극히 개인적인 예배이나 오히려 공적이고 획일적인 요소를 포함시켜 익숙함에 기대어 활성화하기 위한 의도이리라.

임경근 목사의 '365 가정예배'[35]

임경근 목사의 '365 가정예배'는 방식은 초대교회와 알렉산더의 '성경읽기―기도―찬양'의 틀을 가져와 비교적 자유롭게 하되, 처음 교리를 공부해야 할 가정에서 보다 쉽게 접근하도록 교리 내용을 담아 진행하도록 하였다. 거기다 7일에 한 번 성품예배라고 해서 보다 구체적인 성품에 대해 언급하고 있으며, 대화와 자유로운 토론을 권장하고 있다. 가정예배의 내용이 공예배 형태보다는 자유로워지고 있는 모습을 보인다.

송도제일교회의 '야곱의 식탁'[36]

'야곱의 식탁'의 경우 한 교회에서 시행하는 형태로 전체적으로 '성경읽기―기도―찬양'의 순서에 축복문을 넣어 고정시킨 형태이다. 성경을 읽고 토론과 대화를 하는 자유로운 형식을 취하되, 축복문이라는 고정된 형태를 넣어 가족 구성원들, 특별히 자녀들에게 그리스도인으로서의 정체성과 예배자로서의 자신을 보게 하고 축복하는 시간을 두도록 하였다. 평소 자녀를 축복하고, 위하여 기도하기 어려운 현대의 상황에도 적합한 접근이라 할 수 있겠다. '물댄 동산'보다는 가정예배 형태가 자유로워지고 있음을 알 수 있다.

총회교육원의 '쓰는 가정예배'[37]

총회교육원의 '쓰는 가정예배'의 경우 예배 중 활동(activities)이 점차 늘어난다. 전체적으로 '성경읽기―기도―찬양'의 내용을 담고 있되, '마음열기'를 통해 예배에 임하는 예비활동을 하고 있다. 한 주간 감사했던 일을 나누고, 서로에게 사랑의 말, 감사의 말을 전하도록 하였다. 이를 통해 아이스브레이크 활동을 하면서 마음을 열도록 한다. 가정예배의 내용에 있어 공예배적 형식보다는 자유롭게 임하는 활동(activities)이 많이 추가되고 있다. 아울러 성경을 읽고 공부하는 것 외에도 성경을 기록하는 시간과 예배 시간에 느낀 점을 말하고 나누는 활동도 포함하고 있다. 이를 통해 점차 가정예배 전체 분위기가 참여자 중심으로 바뀌고 있음을 알 수 있다.

백홍령 목사의 '보석비빔밥 가정예배'[38]

'보석비빔밥 가정예배'로 유명한 백홍령 목사의 가정예배 방식은 전체적으로는 간단하나 세부적으로 들어가면 복잡한 모습을 보인다. 시작을 알리는 종이나 찬양을 통해 의식을 시작함을 알리고, 기도를 한 후, 하루를 돌아보도록 하였다. 기뻤던 일이나 회개해야 할 일과 행복과 슬픈 일등을 나누며 시작하는 것이다. 그리고 본격적으로 '찬양—말씀—기도'로 진행된다. 여기서 말씀 활동도 '보석비빔밥 가정예배'의 독특성을 보여주는 다음의 6가지 활동을 포함하고 있다.

ⓐ 스토리텔링 활동을 통해 아이들에게 성경 내용을 익숙하게 만든다.
ⓑ 몸으로 찬양을 하면서 율동으로 찬양에 익숙하게 한다.
ⓒ 놀이(recreation) 활동을 통해 말씀을 몸으로 익히도록 한다.
ⓓ 성경쓰기를 통해 성경 내용을 기록해 보게 한다.
ⓔ 성경암송 순서를 두어 말씀을 암송하게 한다.
ⓕ 마무리 활동을 통해 전체를 정리하도록 돕는다.

이렇게 말씀에 대한 활동을 한 후 기도하고 마지막으로 안아주기를 통해 사랑하고 사랑받는 것을 경험하게 한다. 이러한 모든 가정예배는 하나의 간단한 예배라기보다는 복잡한 성경활동에 가까워보인다. 이런 면에서 '가정예배 지침서'나 알렉산더가 시도했던 간단하고 명료한 가정예배의 분위기는 사라지고 묵직한 성경공부와 활동을 제시하는 것 같다. 그리고 학습자인 아동들의 이해와 감각에 보다 충실해지고 있음을 알게 된다.

심형섭 교수의 '가정예배 건축학'[39]

장신대 심형섭 교수의 경우 최근에 '가정예배 건축학'이라는 책을 통해 가정예배에 대한 붐을 만들어 가고 있다. 그에 의하면 기본적으로 가정예배는 '말씀(성경읽기)―기도―찬양'의 기본 구조를 가지고 있다. 하지만 그는 나아가 점차 가정예배를 세우는 활동을 해야 한다고 한다. 이를 위해서 그는 가정예배를 기획하고 설계할 수 있어야 한다고 주장한다. 그래서 이 활동들이 참여한 아동의 연령에 따라, 절기와 상황에 따라, 가족 구성원의 상황에 따라, 가족들의 생일 및 여러 일정에 따라, 교회의 상황과 환경에 따라 다양하게 시도될 수 있음을 지적한다. 그래서 그는 11가지의 기본적인 가정예배 형태를 제시하면서 선택적으로 사용할 수 있으며,[40] 나아가 개별적으로 적용하고 변용할 수 있음을 지적한다. 그에 의하면 이제 가정예배는 고정화된 형태라기보다는 유동적이고 보다 참여자의 필요와 상황에 부합되는 방식으로 변용되고 달라져야 할 것으로 이해된다. 이로서 가정예배의 형태가 점차 유동적치고 가변적임을 알게 된다.

근래의 한국교회 가정예배의 분석과 평가

고정된 형태에서 유동적 형태로

전체적으로 가정예배의 형태가 공예배 형식에서 시작해서 점차 유동적인 형태로 보다 자유로운 형태로 변모하고 있음을 보게 된다. 어떤 경우는 가정예배의 현장인 성도들의 가정이 공예배 상황에 익숙하기에 여전히 교회들마다 공예배의 형식을 취하며 가정예배를 드리는 것도 사실이다. 반면에 점차 자녀들과 함께 가정예배를 드리는 경우, 자녀들의 집중력과 이해도에 따라 다양한 시도들이 있고 다양한 활동들과 상황들이 고려되어 가정예배가 시도되고 있음도 사실이다. 이런 면에서 성도들의 상황과 환경을 고려해서 가정예배 형태를 보다 깊이 고민해 볼 필요가 있겠다.

성경읽기와 교리 중심에서 활동 중심으로

초대교회를 거쳐 '가정예배 지침서'와 알렉산더의 청교도들을 거치는 동안 성경읽기는 가정예배의 중심에 있어왔다. 그리고 그 중간 중간에 교리문답을 중심으로 교리교육도 중점을 둔 것도 사실이다. 성경읽기와 교리문답 중심의 가정예배가 근자에 들어 점차 성경을 도외시하지는 않지만 성경과 함께 어린이들의 이해를 돕도록 점차 활동적으로 변하고 있고, 상황에 맞는 다양한 형태로의 변화를 모색하고 있는 듯하다. 이런 면에서 활동중심으로 변하는 가정예배에 대한 고민을 해 볼 필요가 있겠다.

교육 중심에서 학습자 중심으로

'가정예배 지침서'나 매튜 헨리의 '가정예배를 회복하라'를 보면 가정에서 가장이 자녀들을 신앙으로 바르게 양육해야 함을 강조한다.[41] 일종의 가르치고 양육하는 교육에 방점을 두고 가정예배를 드렸던 것이다. 그런데 어느 순간엔가 시대상의 반영으로 가정예배에 집중할 수 없는 아동들과 가족 구성원들을 고려하여 점차 다양한 활동들과 '마음열기'와 같은 아이스브레이크 활동을 하면서 학습자중심의 가정예배 형태로 바뀌고 있음을 보게 된다. 이는 '교육'에서 '학습'으로 변했던 과거의 학교 현장의 분위기와도 비슷한데, 이러한 상황의 반영에 대해서도 깊이 생각해 볼 필요가 있겠다.

의무에서 은혜와 축복으로

가정예배에 대한 부담스런 기억이 있는 장년이라면 가정예배가 의무로 다가온다. 심지어 '가정예배 지침서'의 경우 가정예배를 드리지 않는 가장들에게 시벌했던 것을 보면, 강력한 의무로 가정예배를 드리도록 했음을 교회역사는 말해 준다. 그런데 시대가 바뀌면서 교회가 가정예배를 강제할 수 있는 상황이 아니다보니 점차 의무로 부여하기보다 권고와 도전하는 방식으로 바뀌고 있는듯하다. 아울러 가정예배의 좋은 점을 부각시켜 보여주려 한다. 그런 면에서 가정예배를 시작하면서 쉽고 편하게 하도록 돕고, 무엇보다 가정예배가 은혜의 자리이며 가정을 지키고 자녀들을 축복하는 자리임을 점차 보여주는 내용의 가정예배 형식이 많아지고 있다.

단회적 예배에서 영구적 활동과 기록으로

가정예배가 이전에는 그 예배가 다음 가정예배와 연결되기는 하지만 그때의 기억으로 그칠 뿐이었다. 그리고 간단하게 매일 드려지는 것이었다. 그러나 최근의 변화들을 보면 그것을 기록에 남기고 암송과 다양한 활동을 하면서 전체적으로 시간과 무게감이 늘어나 매일 하기보다 주 1회 정도 하는 방식으로 변하는 모양새다. 그러면서 기록에 남기고 보다 많은 활동과 기록을 하도록 하여 영구적으로 남기는 방식으로 변하는 듯하다.

다양한 연계된 활동으로

처음의 가정예배는 주일의 공예배와 연결하여 주일에 공적으로 말(표현)하지 못하는 부인과 자녀들에게 말씀으로 함께 토론하며 기도하고 찬양할 수 있는 공간을 만드는 것이 주요했다. 그러나 최근의 가정예배 상황을 보면, 주일의 예배와의 연계를 넘어 교리교육, 가정 활동, 가족의 연대감 고취, 성경필사, 성경암송, 이웃의 봉사 활동까지 연계하여 시도하려는 모습을 보인다. 특별히 심형섭 교수의 가정예배 형태들을 살펴보면 이러한 모습이 뚜렷하게 보이는데, 이렇듯 점차 다양한 활동과 연계되는 방식을 확장되고 있는 것도 사실인 듯하다.

역사적, 교육적 이해의 필요

전체적으로 한국교회의 가정예배의 형태들은 그간의 가정예배 형태들에 대한 분석이나 이해가 부족해 보인다. 오히려 현 상황과 환경에 맞도록 적응하면서 진행되어 오고 있는 듯한 인상을 남긴다. 이런 면에서 교회 역사적, 예배학적, 교육학적 이해와 고려가 조금 더 필요해 보인다.

나가며

　지금까지 가정예배는 가정마다 신앙을 유지, 발전, 전수하는 가장 좋은 방법 중 하나였다. 그리고 오늘도 많은 가정에서 가정예배를 통해 신앙을 계승, 발전, 전수하며 다음세대로 전달하고 있다. 하지만 지금까지 가정예배의 형식에 있어서는 그다지 많은 논의와 고민이 없이 진행되었던 것도 사실이다. 그럼에도 불구하고 지금까지 다양한 가정예배에 대한 시도들이 있었고, 그 교육적, 예배학적, 신학적, 신앙적 도전과 효과를 누리며 시행되어오고 있다. 이제 가정예배에 대해 '중간점검'의 때가 되었고, 본 글은 이에 대해 보다 입체적이고 체계적인 논의의 장이 필요함을 논하기 위해 기록되었다. 그리고 종교개혁을 즈음하여 스코틀랜드 교회에서 '가정예배 지침서'를 발표한 후, 지속적으로 발전 혹은 퇴보한 가정예배의 형태에 대해 간략하게 살펴보았다.

　주지하듯이 초대교회 이후로 '성경읽기—기도—찬양'의 큰 틀에서 시작된 가정예배의 시도는 '가정예배 지침서'의 발간과 함께 단순한 성경읽기를 넘어 그것을 구체적으로 적용하고 가정에서 살피며 가르치도록 '훈육'하는 과정을 강조한다. 그리고 제임스 알렉산더를 비롯한 개혁주의 교회의 전통은 다시금 '성경읽기—찬양—기도'의 틀을 유지하며 조금씩 더하거나 빼면서 발전하게 된다. 이러한 현상이 서구 지역에서 지속된 것과는 대비되게 한국적 상황은 상당히 다른 방향으로 발전하고 있음도 알 수 있다. 이에 한국의 가정예배 형태를 각기 다르지만 독특하면서도 영향력 있는 6개로 분류하고, 분석하여 살펴보았다. 그리고 그에 따른 평가를 해 보았다. 이제 그 중간점검을 넘어, 새롭게 가정예배를 시작하려는 가정과 그 가정을 도와야 하는 교회들을 위해 실제적인 몇 가지 제언을 해 보려한다.

가정예배 정착과 활성화를 위한 실제적인 제언

지속적으로 진행하라

가정예배의 성패는 지속성에 있다. 그래서 '가정예배 지침서'에서부터 조엘 비키의 저작들까지 가정예배에 대한 많은 문서들에서 규칙적이고 지속적인 가정예배의 필요성에 대해 지적한다. 흔히 지역 교회에서 하는 절기 때나 혹은 특별 이벤트식 가정예배는 지속성이 결여되어 하나의 행사로 그칠 가능성이 높다. 무엇이든 교육적 효과를 위해서는 지속적이고 반복적인 것이 필요하다. 반복은 학습을 강화한다. 그리고 익숙한 것만큼 예식(ritual)에 잘 적응시키는 것도 없다.

간단하게 하라

'보석비빔밥 가정예배'와 같이 가정예배 시작 전에 예비 활동이 지나치게 많아지는 추세다. 이는 학습자를 배려한 것이지만 가정예배에 아동만 참여하는 것이 아니기 때문에 참여자의 관계를 개선하는 방식을 먼저 생각해 보는 것도 나쁘지 않다. 가정예배는 예배대로 간단하게 드리되, 그 이전이나 이후에 관계를 개선할 수 있는 활동을 평소에 해 보는 것은 어떨까? 관계가 나쁘면 실제로 가정예배에 어떤 예비활동을 해도 진행이 어렵고, 관계가 좋으면 예비활동이 적어도 부담 없이 가정예배에 참여할 수 있을 것이다. 무엇보다 가정예배 시간을 오히려 줄이는 노력이 필요할 수도 있다. 알렉산더도 가정예배 시간이 길면 좋지 않다고 지적하고 있고,[42] 임경근은 15분 내외라고 구체적인 시간을 명시하기도 한다.[43]

식사와 함께 하는 시간을 먼저 가지라

관계의 개선 없이 갑자기 가정예배를 시작하는 것은 쉽지 않다. 그래서 조엘 비키도 저녁 식탁 테이블에서 가정예배를 시작하라고 권한다.[44] 식사를 먼저하고 이어서 가정예배를 드리는 것은 어떨까? 식탁교제의 시간을 규칙적으로 먼저 시작하고, 그것이 자연스럽게 정착이 되면 가정예배로 연결하는 것도 나쁘지 않아 보인다.

가족 구성원 전부가 참여하는 방식으로 택하라

가정예배의 성패는 가족 구성원들이 다함께 드리는 것에 있다. 분주한 일상을 잠시 내려놓고 함께 모일 수 있는 시간을 정하는 것이 필요하다. 보디 보우컴도 가족 모두가 꾸준히 지킬 수 있는 시간을 찾으라고 권한다.[45] 대략 15분에서 20분 정도의 짧은 시간동안 지속적으로 진행할 수 있는 분위기와 상황을 만들어서 함께 노력하고 고민하는 시간이 필요하리라 본다.

형식은 기본적인 요소인 '성경읽기—찬양—기도'를 포함하되 너무 복잡하지 않게 진행하라

예배의 순서가 점차 많아지고 복잡해지는 경향을 보임을 살펴보았다. 하지만 예배의 순서가 복잡해질수록 참여하는 가족들이 오히려 혼동과 어려움을 겪을 수 있다. 보다 실제적인 예배가 되도록 알렉산더와 '가정예배 지침서'에서 보여준 '성경읽기―기도―찬양'이나 '성경읽기―기도와 찬양―훈육'의 틀을 가지고 가정에 적합한 형식으로 진행하는 것은 어떨지 고민해 볼 일이다.

가장이 책임감을 가지고 진행하도록 하라

케리 피텍은 가정예배에 대한 책임을 주일학교 운동이 일어나기 전까지는 아버지들에게 있다는 것을 누구나 동의하고 당연시했는데 어느 순간엔가 아버지에서 '부모'로 그 책임 소재를 은근슬쩍 넘겨버렸다고 한탄한다. 그리고 보통의 경우 '부모'가 신앙교육의 책임이 있다고 하면 대개는 '어머니'를 말한다고 한다.[46] 점차 아버지들의 영적 권위가 상실되는 이 시대에 다시금 가장이 책임감을 가지고 가정예배를 인도하고 책임져야 할 때이다.

주일 공예배와 이어지는 소그룹 모임과 연계되는 방식을 고민하라

'가정예배 지침서'는 분명하게 주일 예배와 가정예배를 연계해서 신앙이 증진되도록 해야 한다는 취지로 작성되었다. 우리 신앙의 선배들은 주일 공예배를 가장 우선시했으며 이 공예배 시간에 질문과 토론을 하는데 소외된 여성과 아이들에게 가정에서 말씀을 나눌 장을 마련하려 하였다. 이로 볼 때 공예배의 은혜가 가정예배로, 그리고 소그룹과 교회 전체로 연결되도록 연결고리를 만들어 함께 주일에 들은 말씀을 나누며 토론할 장을 마련해 줄 필요가 있겠다. 이를 위해 가정예배 시간에 그것에 대해 토론하는 장을 만들어 보자.

가족들이 자유롭게 토론하고 이야기를 나눌 수 있는 분위기를 만들어라

필자의 어릴 적 가정예배 경험은 참으로 답답하고 암울했다. 안수 집사셨던 아버지의 설교를 오랫동안 들어야 했던 기억이 지워지지 않는다. 가사를 이해하지 못했던 찬양과 함께. 가족 구성원들이 자유롭게 이야기하며 말씀을 나누고 토론할 여지와 상황을 남겨두자. 자녀들을 질책하고 나무라기보다 말씀으로 함께 고민하는 시간을 가질 수 있도록 건설적인 적용 거리를 찾아가며 토론하는 방법은 어떨까?

다양한 시도들이 가능함을 인정하라

연령대와 상황이 다른 가정들이 많다. 획일적으로 하나의 양식을 주장하기보다 변하는 세대와 상황에 부합되게 심형섭 교수가 고민하며 작성한 것들을 참고해 볼 만하다. 보다 개인적인 예배(private worship)가 되도록 고민해 볼 여지는 남아 있어 보인다.

다양하고 창의적인 가정예배 시도들을 참고하자

비록 위의 제언들로 글을 마쳐야 하지만 한 가지 첨언하자면, 미국의 경우에도 위에 언급한 격식과 형식에 짜인 방식으로만 가정예배를 드리는 것은 아님을 분명히 해 두려 한다. 아래의 예처럼 다양한 가정예배 혹은 가정에서 할 수 있는 활동들과 시도들이 있음도 살펴 볼 필요는 있겠다. 다만, 아래의 예는 한국의 예처럼 다양한 시도들의 하나이고, 여전히 완결된 형태로 진행되고 있는 것은 아님을 지적하며 간단하나마 본 글을 정리하려 한다.

대상	Faith 5[47]	가족의 밤	Faith Talk[48]
순서	① share - low & high ② read - a bible verse ③ talk - 성경 내용 ④ pray - 다른 사람의 　　　　low & high ⑤ bless - 서로를 축복함	① 저녁식사 ② 하루 동안 있었던 일 나눔 ③ 함께할 활동 - 보드 게임 등 ④ 성경읽기 - 질문과 토론 ⑤ 기도 (원형으로 손잡고)	특별한 규칙이 없음. 순서와 상황이 아닌 기회를 만들어 신앙적 대화를 시도함.
설명	• 감정과 자신의 상태를 먼저 이야기하면서 아이스브레이크 활동으로 시작. • 성경을 읽고, 그것에 대해 서로 이야기하고 질문과 토론의 시간을 가짐. • 다른 사람의 감정과 상황의 개선과 발전을 위한 기도. • 서로를 축복하고 마침. • 전체적으로 간단하면서도 성경읽기와 기도와 축복이 있는 형태로 진행됨.	• 북미에서 최근에 많이 진행되고 가정예배 활동의 형태.[49] • 가족 구성원 중 가장 어린 아이를 중심으로 구성됨. • 저녁 식탁에서 하루 활동을 나눈 후 가족 전체가 할 수 있는 활동을 함. (보드게임, 사진 정리, 가족 콜라주 만들기, 이웃을 위한 쿠키 굽기 등) • 성경의 한 구절을 읽고 모두의 이해를 돕는 질문과 답변, 토론 진행. • 가족이 원형으로 둘러 앉아 서로 손을 잡고 기도함으로 마침.	Brain Haynes가 주장하는 Faith Talk은 일정한 형식은 없지만 매주 일정한 시간을 정해서 부모가 의도적으로 (intentionally) 신앙적인 대화를 시도하고 자녀로 하여금 신앙적인 고민을 하도록 하는데 그 목적이 있다. 신앙 훈련이 목표임.
분석	성경읽기 - 기도 - 축복 (형식적)	성경읽기 - 기도 (활동중심적)	신앙적 대화 (비형식적)

〈표 5〉 근래 미국교회의 가정예배(활동) 다양한 유형 분류

　　Faith 5의 경우 성경읽기와 기도를 중심으로 진행되며 성경읽기 전에 아이스브레이크 활동으로서 high & low를 통해 감정과 상황을 표현하고 그에 따른 기도를 하게 한다. 그리고 성경읽기 후 성경 내용

에 대해 설명하고 축복을 하는 방식으로 진행된다. '야곱의 식탁'과 같이 성경읽기와 기도, 축복이 어우러진 형태를 취한다. 비교적 형식적이지만 간단하면서도 활용하기에 편한 구조를 가지고 있다.

점차 북미에서 많은 가정들이 자녀들을 위해 가족의 밤(family night)을 진행하는데 보다 활동중심적인 형태를 취한다. 가족이 모여 저녁식사를 하면서 하루 동안 있었던 일을 나누고, 이어 함께 할 수 있는 활동을 하면서 마음을 연다. 다음으로 성경 한 구절을 읽고 질문과 토론을 하고 마지막으로 원형을 만들어 손을 잡고 기도를 하며 마친다. Faith 5에 비해 활동이 추가되고 보다 형식이 느슨해진다.

마지막으로 Brain Haynes가 말하는 'Faith Talk'의 경우는 비형식적이면서 한 주에 한 번 부모가 의도적으로 시간을 정해서 자녀와 신앙적인 대화를 하는 과정을 말한다. 이것을 위해 교회는 부모 컨퍼런스와 세미나를 통해 내용과 과정을 설명해 주고, 연령대별로 그에 맞게 수련회와 복음을 전하는 것을 돕도록 기획된 전체의 한 부분으로 진행한다.

전체적으로 보면 이전의 형식들에 비해서는 자유롭지만 형식적인 틀을 강조하며 순서에 맞게 진행하는 것에서 시작해서 점차 형식이 없이 한 주에 한 번 모이는 룰(Rule)만 있는 형태까지 다양한 면을 보이고 있다. 이러한 여러 형태를 보면서 각 교회와 가정은 그에 맞는 적절한 형식을 고민해 볼 때가 된 것 같다. 모쪼록 이 작은 논문을 통해 가정예배 형식에 대한 지속적이고 새로운 고민과 발전적인 논의가 시작되기를 기원해 본다.

5장

축복과 대화가 있는
가정예배
'야곱의 식탁'

김동훈

축복과 대화가 있는 가정예배 '야곱의 식탁'*

김동훈 목사
(송도제일교회)

Back to the 가정예배

　산업화로 인해 핵가족화를 우려하던 때가 불과 30년이 채 되지 않았는데 어느덧 사회는 혼인율 감소와 이혼율 증가로 인해 가정해체 현상을 고민하는 시대가 되었다. 뿐 아니라 평균 기대수명의 증가와 기록적인 출산율 감소로 고령화 사회까지 대비해야 하는 복잡한 시대를 맞이하게 되었다. 교회의 구성원 역시 사회의 구성원이기에 교회도 사회와 동일한 고민을 할 수밖에 없다. 특히 가정해체 현상과 고령화는 교회로 하여금 다음세대를 준비하고 세워야 한다는 중요한 숙제를 안겨주었다.

＊　『야곱의 식탁』에서 일부를 발췌하였습니다.

이러한 현상은 자연스럽게 가정을 돌아보게 했고 교회는 가정에서의 신앙교육을 깊이 생각하게 되었다. 교회가 다음세대를 든든히 세우기 위해서는 내 가족과 내 자녀를 외면하고는 생각할 수 없는 문제이기 때문이다. 과거 자녀의 신앙교육을 '교회에만 맡기면 된다'는 인식에서 교회와 가정이 함께 해야 한다.'로 생각이 전환된 것이다. 다음세대를 세우고 자녀에게 믿음을 전수하기 위해서는 가정에서의 신앙교육이 무엇보다 중요하다. 그리고 가정에서의 신앙교육 중 무엇보다 먼저 생각할 수 있는 것이 가정예배다. 이유는 가정의 주인이 하나님이시며 삶의 목표가 하나님이시라는 원칙을 가정예배를 통해 배우기 때문이다. 그리고 가정예배는 구성원 모두가 함께 모여 신앙의 가치관을 공유하며 신앙의 좋은 습관(말씀의 읽기와 듣기, 기도)을 훈련하는 장이 되기 때문이다.

그러면 가정예배는 어떤 역사를 가지고 있을까? 성경은 신명기 6장 4절에서 '들으라 이스라엘'이라고 부르며 자녀에게 부지런히 하나님의 말씀을 가르치라고 명령한다. 이 명령은 고스란히 현대 유대인들이 자녀를 가르치는 교육헌장이 되었다. 구약의 하나님의 백성 즉, 성도들은 신명기 6장의 '쉐마 이스라엘'을 중심으로 자녀를 말씀으로 가르쳤다. 그리고 이러한 가르침은 '안식일 식탁예배' 속에서 이루어졌다. 훗날 성전이 훼파된 이후에는 성전의 요소가 가정으로 들어오면서 회당예배와 함께 집중적으로 발달하였다. 그리고 그 예배의 요소는 '정결례, 자녀 축복, 성경읽기, 찬양, 헌금, 식사 등'이었다. 신약시대에도 가정예배는 이어졌다. 고넬료는 가족의 구원을 위해서 베드로를 초청하였고(행 10장), 브리스길라와 아굴라도 가정예배를 드렸다(롬 16:5). 이들이 드린 가정예배의 형식과 요소에 대하여는 구체적으로 알 수 없지만 당시 기독교가 유대교를 기반으로 하여 시작되었기에 안식일식탁예배와 크게 다르지 않았을 것이다. 이러한 가정예배는 중세시대로 넘어가면서 위기를 맞이한다. 사제의 권위를 중요시하는 중세교회의 교권화가 성경을 읽고 찬양을 드리는 성도들의 자유를 억압했기 때문이다. 결국 가정예배는 'Dark age'라 불리던 중세시대를 거치면서 수도원 기도회에만 미미한 영향을 끼치며 쇠퇴하였다.

쇠퇴하던 가정예배가 종교개혁시대를 맞이하면서 루터를 중심으로 새롭게 일어났고 독일과 스위스 네덜란드에까지 영향을 미쳤다. 이후 미국으로 건너간 청교도들이 그 전통을 고수하면서 유지하지만 제2차 부흥운동이 일어나면서 가정예배는 다시 쇠퇴의 길을 걷게 된다. 그것은 교회에서 시작된 주일학교 운동 때문이었다. 본래 주일학교 운동은 길거리에 떠도는 불신 자녀들에게 복음을 전하기 위해서 시작되었다. 그러나 시간이 지나면서 불신자보다 신자들의 자녀가 더 많아지면서 가정에서의 신앙교육을 전적으로 교회에 맡기는 현상이 나타났던 것이다.[1] 이런 시점에서 파송된 선교사들에 의해 한국교회가 시작되면서 한국교회는 자연스럽게 자녀의 신앙교육을 가정이 아닌 교회 주일학교가 중심이 되는 형태로 발전되어 왔다.

이러한 교회의 역사 속에서 우리는 아쉽게도 두 가지 중요한 것을 놓쳐버렸다. 하나는 하나님께서 그의 백성들에게 알려주신 첫 명령으로서 부모가 자녀에게 신앙을 가르쳐야 한다는 것이다. 신명기 6장 쉐마 이스라엘에서 자녀교육의 주체는 부모다. 그런데 현대의 많은 부모들은 자녀의 신앙교육을 교회 주일학교에 위탁하고 자신의 의무는 팽개쳐버렸다. 이보다 더 아쉬운 하나는 좋은 신앙의 전통인 '자녀 축복'

이 사라졌다는 것이다. 구약성도들이 드렸던 '안식일식탁예배'에 있었던 '자녀 축복'이 중세시대와 종교개혁을 지나면서 사라져버린 것이다. 필자는 '축복과 대화가 있는 가정예배, 야곱의 식탁'을 발간하기 위해 자료를 준비하면서 이스라엘을 찾았었다. 당시 이스라엘 전역을 돌아다니면서 물어봤던 공통의 질문은 "당신의 가정은 하나님께서 사랑하는 아들 ○○에게 에브라임 같고 므낫세 같게 하시기를 원하노라는 축복을 하느냐?"였다. 놀라운 것은 이스라엘에 전통파와 개혁파 등 다양한 신앙적 부류가 있었음에도 그들은 동일한 축복문으로 동일하게 축복하고 있었던 것이다. 유대인들은 2천년이 넘는 세월 동안 전 세계에 흩어져서 유리하였음에도 불구하고 안식일식탁예배 속에서 자녀 축복의 전통을 유지하고 있었던 것이다.

　이에 우리 교회는 2013년 봄, 유수한 세월을 지나며 놓쳐버렸던 '자녀 축복'을 기반으로 부모와 자녀가 신앙 안에서 교제할 수 있는 '대화'를 더하여 '축복과 대화가 있는 가정예배, 야곱의 식탁'을 제정하고 시작하였다. 그러나 그 시작은 그다지 순조롭지 않았다. '야곱의 식탁'의 이해를 돕고 설득하기 위해 쉐마교육원 현용수 원장을 초청하여 교육대회를 가졌지만 유대인에 대한 강한 거부감으로 인해 오히려 그 시행이 지체되기도 했다. 이러한 거부감은 야곱의 식탁에서 유대적 색채를 빼내고 보다 성경적인 모습을 갖추는 데 도움을 주었다. 이후 교회는 '야곱의 식탁'의 정착을 돕기 위하여 매월 첫 주 오후예배 때마다 '3대가 함께하는 온가족예배'를 드리고, 매주 1회 모여 야곱의 식탁을 배우는 '야곱의 식탁 캠프(구 디모데학교)'를 개설하는 등 많은 노력을 기울였다. 이러한 시도와 노력의 흔적들을 담아서 2016년 '축복과 대화가 있는 가정예배, 야곱의 식탁' 초판을 발간하였다.

축복과 대화가 있는 야곱의 식탁

지금부터 우리 교회의 야곱의 식탁을 간략하게 설명하고자 한다. 야곱의 식탁의 중요한 요소는 축복과 대화다. 먼저 축복은 그리스도인의 특권이자 하나님의 뜻이며(민 6:22-27; 벧전 2:9; 막 10:16) 그리스도인에게 부여된 시대적 사명이다. 하나님께서 사람을 창조하실 때 그리고 아브라함을 부르실 때 성도를 복의 근원으로 삼으시겠다고 약속하셨다. 그러므로 우리는 할 수만 있다면 많은 이들을 향하여 축복해야 한다. 여기서 우리가 생각해볼 문제는 수많은 그리스도인들이 서로를 위해 축복하지만 정작 가장 사랑하고 또 사랑해야 할 가족에게는 축복하지 않는다는 것이다. 부모는 성경의 명령대로 누구도 대신할 수 없는 천부적 권위로 마땅히 자녀를 축복해야 한다. 부모의 자녀 축복은 하나님과 부모와 자녀를 하나로 묶는 강력한 믿음의 선물이기 때문이다. 부모가 자녀를 축복 할 때 다음의 문구로 축복한다.

> "하나님께서 사랑하는 아들 ○○에게 에브라임 같고 므낫세 같게 하시기를 원하노라 주 예수님의 이름으로 축복하노라" (창 48:20)
>
> "하나님께서 사랑하는 딸 ○○에게 사라와 리브가와 라헬과 레아 같게 하시기를 원하노라 주 예수님의 이름으로 축복하노라" (창 17:16, 22:17, 24:60; 룻 4:11)

축복할 때 부모는 자녀 한 명씩 그 이름을 부르며 품 안에 꼭 안고 머리에 손을 얹고 기도한다. 다소 과한 스킨십일 수 있지만 부모가 처음 축복기도를 시작하는 시기는 자녀가 태어나면서부터다. 이때는 애착관계를 형성하는 중요한 시기다. 생후 1년 동안 유아와 부모 사이에 맺는 유대감은 이후 자녀가 사람을 만나고 생활하는 데 큰 유익을 준다는 연구결과가 있다. 그렇기에 어려서부터 행하는 자녀 축복은 자녀를 부모로부터 사랑받는 아이, 축복받는 아이로 성장시킨다. 그리고 자녀 축복으로 인해 하나님과의 관계도 함께 풍성해진다. 그러므로 부모는 꾸준하고 지속적으로 반복하여 축복해야 한다. 자녀가 성장하여 대화가 가능할 때부터는 축복문 속에 있는 의미를 충분히 알려주면서 부모의 축복이 자녀의 삶에 스며들 수 있도록 해준다. 이러한 부모의 자녀 축복의 유익은 첫째, 하나님과 인격적인 만남을 돕는다. 지속적인 축복을 통해 어려서부터 하나님이 어떤 분이며 그 분이 나를 어떻게 지켜주시고 돕는지를 배우게 된다. 둘째, 자녀 축복은 부모와 자녀 사이에 믿음의 유대관계를 강화시켜 주고 신앙 안에서 부모의 경험이 자녀에게 이어지게 한다. 셋째, 자녀의 영적 필요를 알고 채워주면서 믿음 안에서 건강하고 견고한 신앙의 자존감을 갖게 한다.

다음은 대화다. 대화는 설교가 아니다. 자녀들이 가정예배를 드릴 때 가장 두려워하는 것은 설교가 자녀훈육으로 바뀌는 것이다. 가정예배에서 대화가 설교나 부모의 자녀훈육의 장이 되지 않기 위해서는 많은 주의와 노력을 기울여야 한다. 그러기 위해서는 먼저 자녀와 교감이 필요하다. 지금 자녀에게 어떤 필요가 있고 어떤 고민이 있는지 들을 준비가 되어 있어야 한다. 또, 자녀와 대화를 할 때 강한 부정이나 일방적인 주장을 하지 않아야 한다. 강한 부정과 일방적인 주장은 부모에게 후련함을 줄 수는 있겠지만 자녀의 삶은 변화시키지 못한다. 에베소서 6장 4절은 부모에게 자녀를 양육할 때 노엽게 하지 말라고 조언한다. 이 말씀은 자녀의 비위를 맞추라는 뜻이 아니라 자녀가 부모의 교육을 충분히 이해할 수 있도록 부모도 노력하라는 뜻이다. 그래서 '야곱의 식탁'의 대화는 말씀으로 시작하여 삶의 이야기로 마치고, 반대로 삶의 이야기로 시작했다면 성경에서 그 답을 찾아야 한다. 대화는 부모가 자녀와 함께 방법을 찾아가는 과정이다. 그래서 자녀와 대화를 할 때 미리 정해진 답을 말하고 주입하려 하지 말고 자녀가 답을 찾아갈 수 있도록 도와주고 배려하는 자세가 필요하다. 유대인들은 자녀들과 함께하는 대화시간을 '하브루타(Havruta)'라고 부른다. 이 '하브루타'는 짝을 이루어 서로 질문을 주고받는 디베이트(debate, 토론)를 통해 결론에 이르는 것인데 이들은 이 하브루타를 통해서 서로의 의견을 말하고 듣고 나눔으로 서로에게 맞는 방법들을 찾아간다.

우리 교회에서 시행하는 가정예배의 이름이 '야곱의 식탁'이 되었던 중요한 이유는 에브라임과 므낫세에게 축복한 이가 야곱이기도 했지만 축복과 대화가 있는 가정예배를 드리는 장을 식탁으로 삼고 싶었기 때문이다. 식탁은 음식이 있는 곳이다. 그래서 기본적으로 넉넉함이 깔려있다. 배고픔을 달래주는 넉넉함이 있고 가족과 함께 차 한 잔을 나누는 여유와 단란함이 있다. 한 가족이 함께 모일 수 있는 장소이며 긴장을 떨쳐내고 자연스럽게 만날 수 있는 장소이기도 하다. 그렇기에 야곱의 식탁이 이루어지는 장소는 꼭 집이 아니어도 괜찮다.

외식의 장소여도 괜찮고 나들이를 간 장소도 괜찮다. 다만 예배의 습관을 훈련하기 위해서 가급적이면 요일과 시간을 정하고 지키는 것이 좋다. 처음 '야곱의 식탁'을 시작하는 가정에게 우리 교회는 찬양-축복-대화-기도의 순서를 추천한다. 식사는 찬양 전에도 괜찮고, 대화를 하면서 해도 괜찮고, 마치고 해도 괜찮다. 또, 기존에 이미 드리던 예배가 있으면 그 순서 그대로 진행해도 상관없다. 기존의 순서에 '자녀 축복'만 추가해도 그 예배는 '야곱의 식탁'이 된다. 이는 매우 유연하면서도 쉽게 접근할 수 있는 '야곱의 식탁'만의 장점이다.

교회 차원의 프로그램

야곱의 식탁을 돕는 교회 차원의 프로그램들을 소개하고자 한다. 그 처음은 매월 첫 주 오후예배 때 드리는 '3대가 함께하는 온가족예배(이하 온가족예배)'다. 온가족예배는 한 달에 한 번을 권장한다. 매주 드리는 것도 좋지만 교회 속에는 짝 믿음으로 홀로 나오는 자녀들이 많으므로 그들을 배려할 필요가 있다. 온가족 예배의 특징은 축도 전에 자녀 축복의 순서가 있다는 것이다. 온가족예배 중의 자녀 축복시간은 가정에서 부모가 자녀에게 축복하는 훈련인 동시에 가정에 자녀 축복을 정착하는 데 큰 도움을 준다. 집에서 책만 읽어보고 홀로 하려고 하면 어떻게 해야 하는지, 이것이 맞는지? 여러 가지 의문이 생기는데 온가족예배에서 자녀 축복을 체험함으로써 그런 궁금증을 충분히 해소할 수 있다.

앞에서 언급한 것처럼 교회에서 온가족예배를 시행할 때 가장 큰 어려움은 불신가정에서 나오는 부모와 자녀의 입장이다. 이들을 위한 세심한 배려와 도움이 없으면 자칫 온가족예배를 꺼려하는 부작용이 생긴다. 그러므로 송도제일교회는 이러한 성도들을 위하여 가이드라인을 제시하고 있다. 먼저 불신 가정에서 나오는 성도들 중 부모만 나오는 경우 자녀의 구원을 위하여 기도하게 하고, 자녀만 나오는 경우 부모님의 구원을 위하여 기도하게 한다. 교회는 온가족예배에 참석한 홀로 믿는 자녀들을 위해(본 교회 경우 대학부와 청년부) 자녀를 출가시킨 장로님들이 부모를 대신하여 한 명씩 축복을 해준다. 그리고 연 1, 2회 장로님과 만남의 시간을 마련해주어 이들이 장로님들과 친숙함 속에서 축복을 받을 수 있도록 도와준다.

다음은 '야곱의 식탁 캠프(구 디모데학교, 이하 캠프)'다. 캠프는 각 가정이 '야곱의 식탁'에 보다 쉽게 접근하고 정착하기 위해서 돕는 프로그램으로 학기당 10강의씩 4학기로 시행하였다. 각 학기당 내용은 야곱의 식탁 소개와 축복의 의미, 대화와 상담훈련 및 성경을 기초로 한 각종 강의들로 구성하였다. 처음 1년은 강의(1교시)와 2교시(실습)으로 진행하였다. 캠프를 진행하는 동안 알게 된 첫 번째 도전은 의외로 많은 부모님들이 자녀들과 원활한 대화를 이어가지 못한다는 것이다. 대화를 이어가기 위해서는 자녀의 의견을 말할 수 있는 열린 질문을 해야 하는데 '네' 혹은 '아니오'로 대답할 수밖에 없는 닫힌 질문만을 선호했다. 또, 사전 교육이 있었음에도 불구하고 토론하는 과정에서 부모의 주장을 자녀에게 강요하거나 자녀의 주장을 일방적으로 꺾어 버리는 등 대화의 기술이 부족하다는 사실을 체감하기도 했다. 두 번째 도전은 많은 부모님들이 성경적 지식이 부족해서 자녀들과 신앙적인 대화를 기피한다는 사실이다. 알고 보면 매우 쉬운 일임에도 불구하고 자녀들이 질문을 했을 때 '대답해 주지 못하면 어떻게 할까?' 라는 두려움 속에서 야곱의 식탁을 시작하는 것부터 어려워하기도 했다. 그래서 교회는 부모를 위한 훈련들로 캠프 3-4학기를 구성하였다. 강의의 내용은 대화법에 대한 훈련과 성경을 읽는 방법 그리고 간단한 성경 지식을 위한 성경개론 등이었다.

실습시간(2교시)은 교회 안에서 가정별로 흩어져 실제 가정에서 하는 것과 똑같이 야곱의 식탁을 시행한 후에 다시 모여서 서로 피드백을 나누는 형식이다. 이 과정을 거치면서 우리 가정에 필요하거나 부족한 것이 무엇인지를 발견하고 또 야곱의 식탁을 시작하면서 겪게 되는 가정의 새로운 변화들을 나누며 강한 도전을 받았다. 캠프를 2년 단위로 개설하는 것이 좋은 이유는 야곱의 식탁을 각 가정에 정착하는 것을 돕는다는 목적에 부합하기 때문이다. 일정 기간을 정함으로 가정이 교회에 의존하는 것을 방지할 수 있다. 마찬가지로 캠프를 한 시즌(4학기) 후 1년 정도 휴식한 다음 새로운 기수로 시작하면 보다 많은 가정에 기회가 제공되는 등의 유익을 얻을 수 있다.

맺는 글

지금까지 가정예배를 살리기 위한 많은 시도가 있었다. 금년 3월 총회교육원에서 시행한 '가정예배, 어떻게 할 것인가?'의 세미나에서 여섯 개가 넘는 유형의 가정예배가 소개되었다. 그 중에서 단연 야곱의 식탁이 돋보이는 이유는 축복과 대화가 있기 때문이다. 야곱의 식탁에서 축복은 하나님과 부모와 자녀의 유대를 강화시켜 어려서부터 하나님께 복 받고 자라는 특권을 누리게 한다. 또, 야곱의 식탁에서의 대화는 주일학교와 연결고리를 만들며 거룩한 상승작용을 일으킨다. 야곱의 식탁이 주일학교의 보완장치로서 제 역할을 하는 것이다. 이렇게 교회와 가정이 함께 다음세대를 세우는 일에 동역하는 것이야말로 야곱의 식탁이 주는 가장 큰 유익이다. 우리 교회로부터 시작된 '야곱의 식탁'이 한국 교회 전체에 영향을 끼쳐서 풍성한 자녀 축복과 활발한 믿음의 대화로 많은 신앙의 명가가 세워지며 든든한 다음세대가 이어지길 기대한다.

6장

좌충우돌 가정예배 훈련캠프 이야기

채충원

좌충우돌 가정예배 훈련캠프 이야기

채충원 목사
(한밭교회)

한밭교회가 가정예배의 중요성에 주목하게 이유는 교회교육에 대한 고민 때문이었다. 다음세대를 어떻게 바르게 양육할 수 있을까 하는 목회적인 고민의 결과로, 2015년부터 교회와 가정과 학교가 연대하여 다음세대를 세워가야 할 필요성을 강조하기 시작했다. 그래서 교역자들은 각 교육부서의 활동에 부모들의 참여를 독려했다. 왜냐하면 부모의 협조와 지원을 얻지 못한 상태에서 이루어지는 교회교육만으로는 한계가 있다는 사실을 인정하지 않을 수 없었기 때문이다.

그런데 극소수의 부모들을 제외하고는 다수의 부모들이 수련회, 특강, 부모초청예배 등 교육부서들의 활동에 거의 무관심했고 심지어 비협조적이기까지 했다. 부모님과 함께 가정에서 큐티를 하게 하려고 큐티 교재를 아이들 손에 들려서 집으로 보냈더니, "성경공부는 교회에서 시켜야지, 늦은 시간까지 학원 다니며 숙제하기도 바쁜 아이들에게 큐티까지 시킵니까?"라며 볼멘소리를 하는 중직자들도 있었다. 그런 소리를 들은 교역자들은 다소 낙심하기도 했지만, 그런 시련을 통해 확신하게 된 것은 부모의 변화가 없이는 다음세대의 변화도 기대하기 어렵다는 사실이었다.

가정예배를 주목하게 된 배경

그래서 교역자들은 부모들이 자녀들의 신앙교육에 동참하도록 도울 수 있는 방법을 고민하기 시작했다. 초기에는 유치부, 초등부, 중고등부 그리고 청장년을 대상으로 『큐티키즈』,『날틴』,『복 있는 사람』 등의 큐티 교재를 보급하여 매일 온 가족이 같은 본문으로 큐티를 할 수 있도록 했다. 2015년부터는 매해 두 차례 이상 세대통합예배도 기획하여 시행했으며, 전문 강사들을 초청하여 부모 대상의 자녀교육 특강과 세미나를 개설했다. 그러나 교회의 행사는 많아졌지만 부모와 자녀들의 영적인 성장과 성숙을 이끌어내기에는 뭔가 부족하다는 반성을 하게 되었고 일시적인 행사에 그치지 않고 가정에서 실제적인 변화를 일으킬 수 있는 방법을 모색하게 되었다.

그래서 가정사역위원회는 2016년 가을에 전교인 가정예배운동을 제안했다. 전교인이 일주일에 한 번이라도 가정에서 예배드리고, 목장과 초원 단위로 교회의 중직자들이 성도들에게 가정예배를 독려하고, 연말에는 가정예배를 모범적으로 잘 드린 가정들을 교회적으로 격려하며, 한 해 동안 가정예배를 통해 경험한 하나님의 은혜에 관한 고백과 이야기들을 모아서 간증이나 동영상 등으로 전교인과 공유하면 좋겠다고 생각했다.

그런데 전교인 가정예배운동 제안에 대한 성도들의 일차적인 반응은 별로 호의적이지 않았다. "굳이 그렇게까지 해야겠습니까?" "우리 집은 아이들 다 키우고 이제 부부 둘만 있는데 무슨 가정예배인가요?" "우리 집은 아이들이 너무 어립니다." "우리 아이들은 학원과 과외 다니느라 저녁 늦게 들어오고, 남편은 더 늦게 들어오는데 가정예배 할 시간을 내기 너무 힘듭니다." 참 흥미로운 반응들이었다. 그런데 필자를 더욱 자극한 것은 다음과 같은 고백이었다. "가정예배에 대한 안 좋은 추억이 있어서 저는 가정예배를 안 드리고 싶습니다. 가정예배 때마다 아버지의 잔소리와 꾸중을 오래 들어야 했습니다. 우리 아이들에게만큼은 행복하고 편안한 가정을 만들어 주고 싶습니다."

이런 부정적인 반응에도 불구하고 부모들을 자녀 신앙교육의 주체로 세우고 자녀들에게 신앙을 전수하기 위해서는 가정예배가 매우 중요하다는 확신이 있었기 때문에 전교인 대상으로 급격하게 접근하는 초기 전략을 수정하여 소규모 가정을 대상으로 가정예배에 관하여 교육하고 훈련하는 기회를 제공하는 방법을 연구하였으며, 그 연구의 결과물이 '아버지와 자녀가 함께 하는 가정예배 훈련캠프'(이하 아자캠프)다.[1]

아자캠프:
아버지와 자녀가 함께 하는 가정예배 훈련캠프

아자캠프는 크게 사전교육과 1박 2일 캠프로 구성되어 있는데, 캠프의 성패를 좌우하는 것은 사전교육이라고 할 수 있다. 자녀를 둔 가정의 부모들은 2박 3일 이상의 시간을 할애하는 것이 쉽지 않기 때문에 1박 2일이라는 짧은 기간 동안 가정예배를 충실히 실습하기 위해서는 사전교육이 잘 이루어져야 한다고 생각했다. 사전교육은 크게 두 가지로 구성되어 있는데, 하나는 가정예배 매뉴얼 교육이고 다른 하나는 큐티 훈련이다. 처음에는 가정예배에 관한 정보를 제공하기 위해 기존의 책과 자료들을 물색해보았으나 적당한 교재를 찾을 수 없었다. 그래서 한밭교회 성도들의 환경과 상황에 적합하면서 가정예배를 처음 시작하는 부모들에게 실제적인 안내를 해 줄 수 있는 일종의 '가정예배 매뉴얼'을 자체 제작하게 되었다. 아이를 키우는 부모의 입장에서 가정예배를 드리기 어려운 이유들을 여러 각도에서 생각해보고, 가정예배에 관한 기존의 여러 자료들을 검토하면서 '가정예배 매뉴얼'을 만들어 1기 아자캠프 사전교육에 시범적으로 활용했다. 그리고 2017년 10월 20일과 21일 양일간 개최된 제2기 아자캠프[2] 사전교육 때는 1기 캠프 때의 경험을 바탕으로 내용을 수정 보완하고, 1기 수료생 두 분의 간증을 수록하여 『한밭교회 가정예배 매뉴얼』이라는 제목으로 책자를 발간하였고 한밭교회의 모든 가정에 배포하였다. 매뉴얼은 아래의 열아홉 가지 질문에 대한 답을 제시하는 형식으로 이루어져 있다.

1 가정예배는 왜 드려야 하나요?
2 가정예배에 대한 성경적인 근거가 있나요?
3 그런데 현실적으로 가정예배를 드리기 어려운 이유는 무엇일까요?
4 가정예배를 드리기 위해 어떤 준비가 필요할까요?
5 정해진 가정예배 순서가 따로 있나요?
6 가정예배의 말씀 나눔은 어떻게 해야 하나요?
7 아이들이 아직 너무 어린데 성경 말씀을 잘 이해할 수 있을까요?
8 자녀가 성경에 관하여 질문했는데 부모가 잘 모를 경우에는 어떻게 해야 하나요?
9 가정예배 말씀 나눔을 위해 교회에서 도움을 받을 수는 없을까요?
10 얼마나 자주 가정예배를 드려야 하나요?
11 가정예배 모임 분위기는 엄숙하게 드려야 하나요?
12 가정예배 모임 시간은 어느 정도 하면 좋을까요?
13 가정예배는 누가 인도해야 하나요?
14 아버지(남편)가 예배를 인도할 줄 모르는데, 이런 경우는 어머니(아내)가 해도 되는지요?
15 가정예배를 위해 어머니(아내)는 무엇을 해야 하나요?
16 아이가 아직 어린데요, 아이가 몇 살부터 가정예배를 드려야 하나요?
17 믿지 않는 가족이 있는 경우에는 어떻게 해야 하나요?
18 정말 예배드릴 기분이 아닐 때는 어떻게 해야 하나요? 위선적으로 보이는 것보다 차라리 예배를 드리지 않는 것이 좋지 않을까요?
19 가정예배 외에 가정에서 자녀들의 신앙 성장을 위해 할 수 있는 다른 방법이 있나요?

사전교육에 참가하는 부모들은 가정예배에 대한 다양한 경험과 선입견을 가진 상태에서 교육에 참가했다. 그들 중에는 목회자와 장로 권사의 자녀로서 어렸을 때부터 가정예배를 경험했지만 지금은 가정예배를 싫어하게 되었다는 사람들도 있었고, 불신 부모 사이에서 태어난 신앙 1세대로서 마음으로는 가정예배를 드리고 싶었지만 지식과 정보, 그리고 용기가 부족하여 가정예배를 시작하지 못하고 있던 부모도 있었다. 그리고 아내의 권유를 받고 1박 2일 캠프 간다고 하여 얼떨결에 동의하고 참석한 남편들도 있었고, 가정예배를 간헐적으로 드리기는 했는데, 지속되지 못한 기억이 있는 가정 등 다양한 가정의 부모들이 참석했다. 그런데 이들 중 대부분이 사전교육을 마친 후에는 가정예배의 필요성과 방법에 대한 지식을 알게 되었고, 예전에 가정예배를 제대로 드리지 못했던 이유를 깨닫게 되면서 부모들의 눈빛이 달라지는 것을 적지 않게 목격했다. 특히 가정예배를 기피하던 모태신앙의 부모들이 가정예배의 중요성을 깨닫고 자신의 부모님께 감사하며, 그들의 가정에서도 자녀들과 가정예배를 드리겠다고 결단하는 모습을 볼 때는 큰 감격을 느꼈다.

2017년 6월 5일과 6일, 1박 2일간 무주 태권도원에서 제1기 아자 캠프가 개최되었다. 교역자 가정 세 가정을 포함하여 15가정 총 66명(부모 32명, 자녀 34명)이 참가하였는데, 캠프 참가 전에 4시간의 사전교육을 이수한 가정만 참가했다. 첫날에는 가정예배를 실습하면서 가정별로 예배 실황을 녹화하였고, 둘째 날에는 아침 식사 후에 가정예배를 한 번 더 드리고, 오전에 다 같이 모여서 담임목사의 격려사를 듣고, 전날 가정예배 녹화 파일을 모아서 교역자들이 편집한 동영상[3]을 모든 참가자들이 함께 시청하면서 다른 가정들의 가정예배를 간접 경험 및 학습하고, 이어서 각 가정별로 대표가 앞으로 나와서 각 가정의 가정예배 계획을 발표한 후에 합심 기도를 하고 마쳤다. 한편 아이들 대상의 동기부여 및 격려를 위해 "우리 가정 이보다 더 좋을 수 있다"라는 이름의 설문지를 사전에 제공했다. 각 가정의 좋은 점과 아쉬운 점을 적어서 설문지를 제출하는 아이들에게는 문화상품권을 선물로 주었다. 가정에 대한 아이들의 솔직한 말과 글을 통해 부모들 스스로 가정의 모습을 돌아볼 수 있는 시간을 가질 수 있었고, 교역자들은 아이들의 눈을 통해 평가된 가정의 모습들에 관한 설문지 내용을 읽으면서 교인들 가정의 상황을 더욱 실제적으로 이해할 수 있었다. 아자캠프의 1박 2일 일정표를 간단히 정리하면 다음 〈표1〉과 같다.

첫째 날		둘째 날	
2시	선발대 2시까지 도착, 방 카드수령	7시 8시	기상 및 세면
	숙소 도착 후 식사 방 카드, 도시락, 간식, 휴대폰 거치대 수령 아이들 과제 제출	9시	가정예배 실습 II 아침식사하면서 가정별로
			휴식 및 이동
8시	가정예배 실습 I (가정별로) 가정예배 녹화(10~15분) 가족사진 촬영, 간식 지급	10시	가정예배 사례 발표 및 기도회 가정별 가정예배 계획 발표
9시		11시	짐정리 후 자유롭게 귀가
11시	취침 (교역자들은 동영상 편집 후 취침)		

〈표 1〉 아자캠프 1박 2일 일정표

행복한 가정예배를 위한 열 가지 조언

부모들이 자녀들과 즐겁고 행복하게 가정예배를 드릴 수 있도록 돕기 위해 만든 가정예배 매뉴얼의 내용 중에서 열 가지를 선별하여 행복한 가정예배를 위한 열 가지 조언(Ten Tips)으로 정리하여 보았다.

1. 가정예배는 부모가 자녀들에게 신앙을 전수하고, 성경을 교육하고, 가족 구성원의 영적 연합을 견고하게 해 준다.

우리 자녀들에게 우리의 신앙을 전수해야 한다. 그들도 복음을 들어야 하고 회심을 경험해야 한다. 부모는 가정에서 가정예배를 드리면서 자녀들이 스스로 죄를 고백하며 회심하고 주님을 섬기며 바른 신앙을 가지고 자라고 있는지를 확인할 수 있다. 그리고 가정예배를 통해서 성경을 매우 효과적으로 가르칠 수 있는데, 왜냐하면 가정에서는 부모의 삶이 함께 드러나기 때문에, 말과 혀로만 성경을 가르치는 것이 아니라 행함과 진실함으로 부모가 삶 속에서 모범을 보이며 교육할 수 있다. 따라서 가정은 성경을 교육하기 위해 매우 중요한 기초 공동체라고 할 수 있다. 한편 가정예배는 언약 공동체인 가족 구성원들의 영적 연합을 더욱 견고하게 해 준다. 가족은 혈연 공동체일 뿐만 아니라 언약 공동체이며 영적인 공동체다. 따라서 가정예배를 통해 유일한 중보자이신 주 예수 그리스도 안에서 하나 됨을 확인하고 강화할 때, 우리는 말씀을 통해 약속하신 하나님의 복을 삶 속에서 누리며, 영적으로 더 큰 만족과 안정을 얻게 된다.

2. 말씀 교육과 신앙 전수의 책임은 부모, 특히 가장(家長)에게 있다.

성경 말씀은 우리의 자녀들이 어렸을 때부터 성경을 가정에서 배워야 한다고 강조한다. 물론 그 책임을 교회도 함께 공유하지만 우선적으로 말씀 교육과 신앙 전수의 책임은 부모-특히 가장-에게 있다고 말한다. 가정에 따라서는 아버지가 예배를 능숙하게 인도하지 못할 수도 있다. 그러나 처음부터 잘 하는 사람은 없고, 무엇보다도 하나님은 아버지(남편)를 그 가정의 가장으로 세우셨고, 후회하심이 없으시다. 인도가 좀 서투르다고 해서 정죄하거나 비웃을 사람도 없다. 오히려 다소 미숙해도 하나님께 순종하여 가정예배를 인도할 때 가족들에게는 감동과 모범이 되며 하나님께서도 기뻐하셔서 풍성한 은혜를 베푸실 것이다.

물론 아버지가 부재중일 때는 어머니가 인도할 수도 있다. 그러나 어떤 가정의 경우는 청소년기의 자녀가 가정예배를 인도할 수 있다고 생각할 수도 있으나, 자녀가 성인이 되기 전까지는 자녀들이 부모의 권위 아래 있다고 본다면, 아버지가 인도할 수 없는 때에는 어머니가 인도하는 것이 바람직하다.

3. 가정예배 중에는 아버지(남편)를 존중해야 한다.

가정의 질서를 위해서 아내가 남편을 세워주는 것이 중요하다. 심지어 남편의 말과 행동 중 잘못된 것이 드러나더라도 자녀들 앞에서 즉시 지적하지 않는 것이 좋다. 혹 문제가 있다고 판단되면 남편과 단 둘이 있을 때 자신의 의견을 조심스럽고 지혜롭게 이야기하는 것이 좋겠다. 그렇다면 권면을 이유로 남편은 아내의 잘못을 가정예배 시간에 지적해도 되겠는가? 남편 또한 아내를 존중하고 사랑으로 세워주어야 자녀들이 그 모습을 보고 배운다(엡 5:21). 자녀들은 그런 부모의 모습을 보면서 자연스럽게 가정의 바람직한 질서를 배우며 성숙하게 된다.

4. 가정예배는 소박하게 일주일에 한 번, 15분 정도로 시작하라.

아무리 가정예배를 드리는 것이 옳은 일이라고 인정하더라도, 실제로 가정예배를 실천하는 것은 그리 쉬운 일이 아니다. 왜냐하면 근본적으로 우리 모두가 죄인이기 때문이다. 죄인은 본성적으로 하나님을 찾고 예배하는 것을 싫어한다. 그래서 심지어 신자들도 교만, 게으름, 영적 무관심 등의 이유로 가정예배를 등한히 여긴다. 그렇지만 이러한 영적인 이유 외에도 가정예배를 드리기 어렵게 하는 현실적인 이유들이 많다. 육체적인 피곤함, 예배 인도에 대한 두려움, 지식의 부족, 가족들이 서로 시간을 맞추는 것의 어려움, 적당한 장소를 찾기 어려움 등 여러 이유들로 인해 가정예배를 드리는 것이 그리 쉽지 않다.

그래서 처음부터 과도하게 완벽하고 이상적인 가정예배를 추구하다가 실패하여 실망하고 좌절하기 보다는 하나님의 은혜를 구하면서 가정마다 처한 현실에 맞게 실천 가능한 수준에서 소박하게 시작하는 것을 권한다. 이를 위해 가장 우선되어야 할 것은 가족들이 함께 예배의 시간을 정하는 것이다. 일단 예배 시간이 정해지면, 급한 일이 생기더라도 예배 시간을 중요한 우선순위에 두면서 예배 시간을 잘 지켜야 한다. 예배 시간을 최우선으로 생각하는 것 자체가 매우 중요한 신앙교육이다. 그리고 일주일에 한 번으로 시작하고, 한 번 모였을 때에는 15분 정도로 짧게 예배하는 것을 추천한다.

5. 일정한 예배 형식은 지속적인 예배를 위해 유익하다.

각 가정마다 상황과 환경이 다르기 때문에 가정예배의 형식도 천차만별일 수 있다. 그렇지만 찬양, 말씀 나눔, 감사, 기도, 축복, 교제가 가정예배의 기본 요소라고 할 수 있다. 초기에는 찬양, 감사 나눔, 성경 이야기 및 축복 기도 등으로 가볍게 시작하면서 자녀의 성장정도에 따라 말씀 나눔 시간을 점점 늘려가는 것이 좋겠다. 찬양은 자녀들이 교회에서 자주 부르는 친숙한 찬양을 반복해서 하는 것이 좋고, 교회의 주일예배 시간에 부르는 입례송 등 한 곡을 정해서 계속 부르는 것도 유용한 방법이다(예. 너는 시냇가에 심은 나무라, 야곱의 축복, 예배합니다, 나는 예배자입니다, 우리 모일 때 주 성령 임하리 등). 함께 기도할 때는 통성으로 기도하는 훈련을 하는 것도 좋지만, 경우에 따라서는 간단한 문장으로 돌아가면서 기도하는 것도 자녀들의 기도 훈련을 위해 유익하다. 그리고 반드시 자녀들을 축복해 주라. 부모에게 축복을 받으며 자라는 아이들은 건강한 자존감을 선물로 얻게 된다고 한다.

6. 새로운 설교를 하려 하기보다는 '이미 들은 말씀'을 활용하라.

가정예배 순서 중에서 상대적으로 중요하면서도 어려움을 느끼는 것은 말씀 나눔이다. 이 말씀 나눔 시간에는 전혀 새로운 교재나 자료를 활용하는 것보다는 가족이 이미 들은 말씀들을 활용하는 것이 좋다. 이미 들은 말씀 중에서 가장 중요한 것은 주일의 설교다. 특히 주일에 들은 설교 말씀에 관하여 서로 질문하고, 각자 이해한 바와 의견을 서로 나누면서 받은 말씀을 함께 마음에 새기는 것이 매우 유익하다. 부모가 자녀들이 받은 주일 설교 말씀에 관하여 관심을 가지고 질문하면, 자녀들은 그 다음 주일 설교 말씀을 들을 때 더욱 집중하여 듣게 되고, 가정예배 시간에 들은 말씀을 자기 말로 다시 이야기해봄으로써 그 말씀을 마음에 더욱 깊게 새기게 되어, 마치 못이 깊게 박히는 것처럼 하나님의 말씀이 자녀들의 심령 깊은 곳에 스며들게 된다. 부모는 자녀들이 설교에 대해 말하는 것을 들으면서 자녀들이 과연 하나님의 말씀을 잘 듣고 있는지, 믿음이 잘 자라고 있는 지의 여부도 확인할 수 있다.

이미 들은 말씀들 중의 하나는 그 날 큐티 본문 말씀이다. 고신총회에서 발행하고 있는 큐티 교재-『복 있는 사람』-의 본문에 따라 평소에 가족들이 각자 규칙적으로 큐티를 하고, 가정예배 때는 그 큐티 본문 말씀의 내용과 적용을 중심으로 대화하며 나누는 것도 유익하다. 미취학 연령의 자녀들을 대상으로는 『큐티키즈』에 수록된 그림 자료와 관련된 동영상 등의 자료를 활용하여 이야기 식으로 설명해 주는 것도 바람직하며, 초등학생들에게는 유대인들의 '헤브루타' 방식을 활용하여, 해당 본문에 관한 이야기를 들려주면서 본문과 관련된 귀납법적 질문을 통해 자녀들이 큐티한 내용을 스스로 생각해 보게 하고 자기의 말로 표현해 볼 수 있도록 유도하는 것도 바람직하겠다. 중학생 이상의 자녀들의 경우에는 큐티 본문에 대한 관찰, 해석,

적용을 함께 해보면서 개인 성경 연구 능력도 길러 줄 수 있다.

마지막으로 우리에게 이미 들은 말씀을 보다 잘 이해하면서 설교를 잘 듣게 하기 위해서 각종 교리문답을 함께 공부하는 것도 매우 유익하다. 가정예배가 정착됨에 따라, 그리고 자녀들이 초등학생 이상이라면 웨스트민스터 소교리문답이나 하이델베르크 교리문답을 가정예배 말씀 나눔에 활용할 수 있다. 교리문답 공부와 설교 나눔을 병행할 경우 설교에 등장하는 신학적인 주제를 반복적으로 여러 각도에서 살필 수 있고, 자녀들이 바른 교리적 지식을 습득함으로써 예배 시에 선포되는 설교를 더 잘 이해할 수 있도록 도울 수 있다.

7. 가정예배의 시작은 빠를수록 좋다.

가정예배는 결혼하여 부부가 된 이후부터 드리는 게 좋다. 자녀를 임신했을 때에도 태아의 성령 충만을 위해 아내의 배에 손을 얹고 기도하면 좋겠다. 아이가 태어나면 어렸을 때부터 성경 이야기를 읽어주라. "어른들은 잘 듣는 것 같아도 듣지 않고, 아이들은 안 듣는 것 같아도 다 듣는다."라는 말이 있다. 아이들이 말씀을 잘 이해하지 못할 것 같아도 아이들은 성령님의 도우심으로 말씀의 일정 부분일지라도 듣고 깨달을 수 있다. 부모는 자녀가 뱃속에 있을 때에도 가르쳐야 하고, 태어난 후에도 아이에게 끊임없이 말하고 가르쳐야 한다. 성령님을 의지하면서 어렸을 때부터 아이들에게 하나님나라 복음의 이야기를 들려주어야 한다. 믿음을 주시며 말씀하시고 그 말씀을 깨닫게 하시는 분은 삼위 하나님이시기 때문에 우리는 그 하나님을 믿고

의지하며 어린 자녀들에게 하나님 말씀을 들려주어야 한다.

8. 가정예배는 짧고 즐거우며 부드러우면서도 경건하게 드리는 것이 좋다.[4]

짧게 하라. 이것은 아무리 강조해도 지나치지 않다. 가정예배를 길게 하면 자녀들을 지치게 만들고 분노를 일으킬 수 있다. 그리고 무엇보다도 가정예배는 즐거워야 한다. 물론 부모의 훈육은 중요하다. 그러나 가정예배 시간은 부모의 잔소리를 듣는 시간이 아니다. 간혹 믿는 가정에서 자란 성인들 중에서 가정예배에 관하여 좋지 않은 추억을 가지고 있는 사람들을 종종 만나는데, 대부분의 경우 가정예배 시간을 지루한 시간으로, 심지어 부모님의 훈계와 꾸중만 들었던 시간으로 기억하고 있었다. 가정예배는 삼위일체 하나님과 교제하는 거룩한 시간인 동시에 그리스도의 사랑으로 연합된 언약 공동체인 한 가족이 천국의 기쁨을 누리는 복된 시간이기 때문에 가족 모두에게 행복한 시간이 될 수 있도록 부모는 기도와 섬김으로 힘써야 할 것이다.

그러나 살다보면 정말 예배드리고 싶지 않을 때가 있다. 그럴 때 예배드리는 것은 심지어 위선적으로 보일 것 같다는 생각이 들어서 차라리 예배를 건너뛰고 싶어질 때가 있다. 그러나 오히려 그때가 반드시 가정예배를 드려야 할 때다. 하나님은 우리가 상한 심령으로 드리는 예배를 귀하게 받으신다(시 51:17). 그리고 우리의 감정이나 상황 때문에 하나님과의 약속 그리고 하나님의 명령을 어길 수는 없지 않겠는가? 힘들 때에는 가족에게 자신의 생각과 감정을 솔직하게 이야기하고 도움을 구하고, 함께 기도하는 것이 바람직하다. 심지어 부부가 싸웠거나 아이들에게 크게 화를 낸 경우에도 용서를 구하며 회개하고 예배의 자리로 나아가기 바란다. 그런 과정을 통해 부모뿐만 아니라 자녀들도 부모들의 모습을 보며 신앙의 성숙을 경험하게 된다.

9. 난처한 질문을 받으면 솔직해지는 것이 최선의 방법이다.

자녀들이 성장하면서 호기심이 많아지고 사춘기에 접어들면 난처한 질문을 할 때가 있다. 특히 그런 질문이 성경이나 신학에 관한 난제에 속한 것일 때는 매우 난처해지기도 한다. 그럴 때는 아는 만큼만 설명하고, 모를 경우에는 솔직하게 모른다고 말하고 다음 시간까지 공부해서 알려 주겠다고 하면 좋겠다. 그리고 부모는 반드시 그 질문에 관한 대답을 성실하게 준비하여 되도록 빠른 시일 내에 자녀에게 알려 주는 게 좋다. 이런 과정을 통해서 부모에 대한 신뢰가 더 커지게 되고, 부모와 자녀가 함께 신앙적으로 성숙하게 된다. 부모가 성경과 하나님에 관해 모르는 것이 있다는 것을 아이들이 알게 되면 잠시 부끄러울 수도 있다. 그러나 부모가 성경을 사랑하지 않고 하나님을 더 알아 가려고 노력하지 않는 것이 오히려 하나님과 자녀 앞에서 더 부끄러운 것이라고 할 수 있다.

10. 가정예배 외에도 가정에서 자녀들의 신앙 성장을 위해 할 수 있는 방법이 많다.

가정예배가 만병통치약은 아니다. 자녀들에게 성경을 가르치고,

신앙 성장을 도우며 가족의 영적인 교제를 도모하기 위한 여러 다른 방법들도 있다. 예를 들어 아침에 아이들이 어린이집, 유치원에 가고, 초, 중, 고등학교에 등교할 때, 아버지나 어머니가 축복 기도해 주면 좋겠다. 그리고 아침이나 저녁에 온 가족이 한 상에 둘러앉아서 식사하기 전에 잠시 감사의 제목을 짧게 나누며 함께 기도하는 것도 매우 유익하다. 또한 취침 전에 아이들에게 성경 이야기를 읽어 주고, 사랑의 대화를 나누며 축복 기도해 주는 것도 많은 믿음의 가정에서 이미 검증된 매우 유익한 신앙교육 방법이다. 가정예배를 드리면서 다른 여러 방법들도 적절하게 함께 활용하기를 바란다.

아자캠프 이후의 작은 변화들

한밭교회의 가정예배는 이제 시작 단계에 불과하다. 아직 많은 부분이 미흡하고 미숙하지만 가정예배를 고민하는 교회들에게 작은 도움이 되기를 바라며 한밭교회의 가정예배 훈련 캠프 이야기와 가정예배 매뉴얼의 내용을 간단하게 소개해 보았다. 글을 마무리하면서 아자캠프 이후 한밭교회에서 경험하고 있는 작고 의미 있는 몇 가지 변화들을 소개하고자 한다.

첫째, 가정예배에 대한 긍정적인 인식이 확산되고 있다. 아자캠프 이전에는 가정예배에 관하여 거론하면 부담을 느끼는 분위기였다. 그런데 아자캠프를 다녀 온 분들이 목장-소그룹-과 지회에서 좋은 입소문을 냈다. 그리고 세 명의 남자 집사님들이 가정예배 매뉴얼의 지면(紙面)과 주일 오전예배 시간을 통해 간증을 하면서 곳곳에서 긍정적인 이야기가 들려오고 있다. "여보, 우리도 가정예배 드려요." "목사님, 저희 가정에서도 가정예배를 드리기로 했어요." 그리고 새해 기도제목으로 가정예배를 잘 드리고 싶다는 제목을 제출한 분들도 있다.

둘째, 아자캠프 때 가정예배를 시작한 가정들이 대부분 지금까지 지속적으로 가정예배를 드리고 있다. 아자캠프 후 연말에 캠프를 다녀온 가정들이 가정예배를 드리고 있는지 알아보았을 때, 한 가정을 제외하고 모두들 가정예배를 드리고 있다고 했다. 그 한 가정은 그 가정 스타일에 맞게 성경공부를 하고 있다고 했다. 특히 인상적이었던 것은 아이들이 가정예배 시간을 더 좋아한다는 것이다. 미취학 아동들은 가정에서 찬송하며 예배하는 것을 매우 즐거워한다. 중고등학생 자녀들은 가정예배를 통해서 부모들과의 대화 시간이 늘어나게 되었고, 부모들이 그런 대화 속에서 자녀들의 신앙적인 변화와 성숙을 보면서 감사해하고 있다.

마지막으로, 아자캠프를 준비하고 진행하면서 교역자들이 성도들의 가정생활을 좀 더 실제적으로 이해할 수 있는 유익을 얻었다. 캠프 참가를 권면하고, 사전교육을 진행하고, 각 가정에서 촬영한 예배 동영상을 보면서 각 가정의 신앙 및 관계적인 성숙도를 가늠해 볼 수 있었다. 그러면서 깨닫게 된 것은 부모와 자녀가 함께 1박 2일의 짧은 기간이라도 캠프에 참가할 수 있는 것 자체가 그 가정이 어느 정도는 건강한 가정이라는 것이었다. 자녀들이 초등학교 고학년 이상이고, 부모와 자녀간의 갈등이 이미 만성화된 가정들은 아자캠프에 참여하는 것 자체가 어려운 경우가 많아서 안타까웠다. 그래서 되도록 어린

나이의 자녀를 둔 가정의 부모들을 강권하여 더 늦기 전에 가정예배를 훈련하고 시작할 것을 권면하게 되었고, 신혼부부와 미혼 청년들을 대상으로도 가정예배 교육을 확대 실시할 계획이며 특강과 자료 등을 제공하고 있다. 아무쪼록 한밭교회뿐만 아니라 모든 교회에 속한 가정들이 가정에서 하나님 앞에 모여 예배드리고, 부모가 자녀들을 기도와 말씀으로 신실하게 양육하며 신앙을 전수하고, 자녀들이 부모의 신앙을 보고 배워서 몸과 마음이 건강하게 성장하고 성숙하여 교회와 세상을 선도하기를 소망한다.

7장

신앙의 전수는 가정예배로

박광영

신앙의 전수는 가정예배로

박광영 목사
(드림교회)

서론

가정예배가 필요하다고 생각하는 성도들은 많이 있다. 그러나 가정예배를 드리는 가정은 그리 많지 않다. 성도들이 가정에서 가정예배를 시작하는 것은 결코 쉽지 않다. 왜냐하면 현실적으로 가정에서 예배를 드리는 것에 대한 정서적인, 물리적인 많은 장애물들이 있기 때문이다. 성도들이 그러한 장애물들을 극복하고 가정예배를 가정 안에 정착시키는 것은 결코 쉬운 일이 아니다. 그러나 가정예배는 반드시 필요하다. 가정예배는 가정 안에 하나님나라가 임하는 시간이다. 그렇다면 교회와 가정이 함께 가정예배를 드릴 수 있는 환경을 만들어 나가야 한다.

드림교회는 1985년에 서울특별시 노원구에 개척하여 성장한 교회다. 드림교회는 현재 300여명의 성도들이 출석하고 있는 중형교회다. 개척 초기부터 드림교회는 가정 중심의 목회를 추구하였다. 그럼에도 불구하고 가정예배가 교회에 정착하기까지 10년이 넘는 시간이 필요했다. 부족함이 많이 있었지만 하나님께서 드림교회에 주신 은혜로 인하여서 드림교회는 가정예배를 정착시킬 수 있었다. 그러한 하나님의 은혜를 함께 나누고자 한다. 드림교회와 같이 작은 교회가 할 수 있는 것이라면 모든 교회가 다 할 수 있다고 생각한다.

가정예배 적용의 장애물

가정예배의 가장 큰 장애물은 가정예배에 대한 필요성을 느끼지 못하는 것이다. 그러나 가정예배에 대한 필요성을 느끼지 못하는 것은 여기에서 논할 것이 아니다. 이번 장에서는 가정예배에 대한 필요성은 공감하지만 그럼에도 불구하고 가정예배를 적용하지 못하는 실제적인 장애물을 논하고자 한다.

예배에 대한 부담감

사실 가정에서 예배를 드리는 것은 결코 어려운 일이 아니다. 그럼에도 불구하고 일반적으로 성도들은 가정예배를 어렵고 부담스럽게 생각하는 경우가 많다. 그 이유는 가정예배에 대한 선입견 때문이다. 성도들에게는 교회에서 드리는 공예배처럼 정해진 순서와 형식에 의거하여 가정예배를 드려야 한다는 부담감이 있을 수 있다. 그러한 부담감 때문에 성도들은 선뜻 가정예배를 시작하는 것 자체를 두려워한다. 그래서 가정예배를 권하면 "아니, 저희는 예배를 어떻게 드리는지도 몰라요"라고 손 사레를 치기도 한다. 또한 초신자의 경우에 아무리 가족들 앞이라고 하더라도 예배를 인도하는 것 자체에 대한 부담감이 있을 수 있다.

또한 예배는 교회에서 드리는 것이라는 생각 때문에 가정에서 드리는 예배를 어색해하는 경우도 있다. 일반적으로 성도들은 예배당은 거룩한 곳, 가정은 예배당처럼 거룩한 곳은 아니라는 이원론적인 생각을 가지고 있다. 그렇기 때문에 일상생활을 하던 가정에서 예배를 드리는 것에 대하여서 어색함을 많이 느낀다. 조금 전까지 가족들끼리 큰 소리 내면서 싸우기 했던 장소에서 예배를 드린다는 것이 좀 어색할 수 있기 때문이다. 이처럼 예배 자체에 대한 부담감은 가정예배를 선뜻 실천하지 못하게 하는 걸림돌이다.

가정 내의 무질서

가정에서 부모의 권위가 세워지지 않은 경우에 가정예배를 적용하기가 쉽지 않다. 아무리 부모가 가정예배를 드리고자 하여도 자녀가 순종하지 않으면 가정예배를 드릴 수 없다. 어린 아이를 둔 가정에서는 부모들이 자녀들을 순종시킬 수 있다. 그러나 청소년들과 대학생 이상의 성인 자녀를 둔 가정에서는 자녀들과 함께 가정예배를 드리는 것이 결코 쉽지 않다. 부모의 권위가 세워지지 않은 상황에서는 자녀들이 원치 않으면 가정예배는 절대로 이루어지지 않는다. 특별히 사춘기를 지나는 청소년이 있는 가정에서 자녀들이 반항을 하면 가정예배는 불가능한 것이다.

가정에서 예배가 이루어진다고 하더라도 부모의 권위가 사라진 곳에서 예배가 제대로 이루어질 수는 없다. 자녀들이 마지못해서 따라오는 예배는 예배일 수 없다. 특별히 영적으로 미성숙한 자녀들은 이 과정에서 부모와 마찰을 빚기 쉬우며 그러한 갈등은 결국 영적인 상처로 남아서 자녀들의 신앙성장을 가로막을 수도 있다. 이 모든 문제의 원인은 가정에서 부모의 권위가 사라지고, 자녀들이 어려서부터 자신이 원하는 대로 행동하는 것을 당연하게 여기는 가정의 무질서 때문이다. 그러한 가정에서는 가정예배가 정상적으로 드려질 수 없다.

부모들의 욕망

가정예배는 예배가 되어야 한다. 가정 안에서 하나님이 왕이심을 고백하며, 하나님 앞에서 온 가족이 함께 모여서 경배하는 시간이 되어야 한다. 그래서 가정예배는 철저하게 하나님 중심의 예배가 되어야 한다. 그러나 가정예배는 자칫 부모 중심의 예배가 되기 쉽다. 자녀들이 어릴수록 그렇게 되기 쉽다. 가정예배를 통하여서 부모가 원하는 자녀의 모습을 강요하고, 부모의 생각을 자녀에게 주입시키는 시간이 된다면 그것은 예배라고 할 수 없다. 그렇게 되면 자녀들은 자라면서 점차 그런 예배를 회피하게 될 것이다.

부모는 자녀를 향한 자신의 욕망을 절제해야 한다. 한국사회에서는 '자녀를 위하는 것'이라는 미명하에 자신도 모르게 부모의 욕망을 자녀들에게 풀어내는 경우가 많이 있다. 특별히 자녀들을 향한 교육열이 남다른 우리 문화 속에서 그것은 미화되기 쉽다. 그러나 만약 부모가 자신의 욕망을 통제하지 못하면 가정예배는 목적이 아니라 수단으로 전락할 수 있다. 가정예배는 부모가 원하는 예배가 아니라, 하나님이 원하시는 예배로 만들어가야 한다. 부모는 하나님의 권위를 힘입어서 주의 교양과 훈계를 가르치는 권위를 주장해야 한다. 그러나 부모가 자신 스스로의 권위를 가지고 자녀들 앞에 군림하면서 자신이 욕망을 자녀들에게 풀어낼 때에 자녀들은 마음속에 분노가 쌓이며 결국 자녀들은 가정예배를 피하는 파국이 벌어질 수도 있다.

가정의 불화와 세대차이

가정의 불화는 가정예배를 실천하지 못하게 만드는 걸림돌이다. 특별히 부부간의 관계가 좋지 않을 경우 가정예배를 실천하기 어렵다. 부부 간의 불화가 있음에도 불구하고 가정예배를 실천할 수 있으면 좋겠지만 그것은 현실적으로 쉽지 않다. 부부 간의 평화는 가정예배의 필수요소이다.

또한 부모와 자녀 사이의 세대 간의 갈등도 가정예배를 실천하지 못하게 만드는 걸림돌이다. 프로이드는 자녀들이 어릴 때에 아버지에 대하여 느끼는 감정이 곧바로 하나님에 대한 감정으로 연결된다고 말하였다. 부모와 자녀들 사이에 갈등이 있을 경우 가정예배는 하나님에 대한 왜곡된 감정을 자녀들에게 심어주는 통로가 될 수도 있다. 그러한 가정예배는 결국 자녀들이 성장함에 따라서 깨질 가능성이 높다.

또한 부모를 공경하는 자세가 없는 자녀들이 하나님께 바르게 예배하기는 쉽지 않다. 부모 공경은 가정예배의 기초이다. 부모를 공경하는 태도가 하나님을 경외하는 태도로 이어지게 된다. 그러나 부모를 공경하지 않는 자가 하나님을 경외하는 예배를 바르게 드리기는 쉽지 않다. 그래서 부모 공경이 사라진 가정에서 드리는 예배는 하나님의 이름을 망령되게 일컫는 망령된 예배가 되기 쉽다.

마지막으로 말씀 중심의 정적인 흐름을 선호하는 부모 세대와 찬양 중심의 동적인 흐름을 선호하는 자녀세대의 영적 흐름의 차이도 가정예배를 가로막는 요소이다. 가정예배의 문화가 형성되어 있지 않은 경우 어떻게 예배를 드릴 것인가에 대한 부모와 자녀세대 간의 마찰이 있을 수 있다.

가정예배를 위한 목회적 준비

가정예배는 단기간에 의지만을 가지고 실천할 수 있는 것이 아닐 수도 있다. 의지는 단기간에 가질 수 있지만, 가정예배를 성공적으로 정착시키기 위해서는 위의 장애물들을 극복하기 위한 준비 작업이 필요하다. 드림교회는 가정예배를 정착시키는 과정에서 다음과 같은 준비과정을 거쳤다.

3세대 통합예배

　가정예배를 위해서 필요한 것은 온 가족이 같은 영적 흐름을 공유하는 것이다. 현재 일반적인 한국교회의 구조에서는 장년 세대의 예배와 청년 이하 다음세대의 예배가 이분화되어 있다. 그래서 교회 안에서 부모와 자녀가 함께 예배드리는 시간이 없다. 또한 세대 간에 예배의 형태와 모습이 많이 다르다. 장년 세대의 예배는 설교 중심의 정적인 예배인데 비하여 다음세대의 예배는 찬양 중심의 동적인 예배인 경우가 많다. 그렇다보니 부모 세대의 영적인 흐름과 자녀 세대의 영적인 흐름의 차이가 발생한다. 이것은 가정예배에 있어서도 부모세대와 자녀세대 사이에 미묘한 갈등으로 작용할 수 있다. 또한 이것은 부모와 자녀 사이의 언약 계승이라는 측면에서도 교회가 오히려 부모 세대와 자녀 세대의 언약 계승을 가로막는 부작용을 낳을 수 있다. 가정예배를 실천하는 데 있어서 이는 큰 걸림돌이 된다.

　그러므로 부모세대와 자녀세대의 영적인 흐름을 이어주기 위한 3세대 통합예배가 필요하다. 할아버지 세대부터 아버지, 손주세대가 함께 모여서 예배드리며 언약을 계승하는 공동체를 이루는 것이 드림교회의 꿈이다. 그래서 드림교회는 2006년부터 3세대 통합예배를 시작하였다. 첫해에는 오전 예배는 기존의 주일학교, S.F.C. 예배는 그대로 두고 오후예배만 통합하여 예배를 드렸다. 그리고 2007년에는 오전예배를 서서히 통합하기 시작하였다. 처음에는 매주 마지막 주일에만 다함께 예배드리는 통합예배를 시도하다가, 점진적으로 매주 드려지는 모든 예배를 통합하였다. 그리고 2008년부터는 주일에 드리는 모든 교육기관 예배를 폐지하고 교회 내의 모든 예배를 3세대 통합예배로 묶었다.

예배의 형태는 전통적인 예배의 형태를 따랐다. 장년 세대가 찬양 중심의 동적인 다음 세대 예배 문화에 적응하기는 쉽지 않다. 그러나 다음 세대가 장년 세대의 예배 문화에 적응하는 것은 그리 어렵지 않다. 다음 세대는 쉽게 변화될 수 있기 때문이다. 또한 본질적으로 예배는 말씀 중심의 예배가 되는 것이 바람직하기 때문에 전통적인 예전적 예배를 추구하였다. 처음에는 다음 세대들이 적응하기가 쉽지 않았다. 그러나 시간이 흐르면서 점차 다음 세대들도 전통적인 예배를 당연하게 받아들였다. 특별히 2008년 기준으로 하여서 5세 이하의 유아부였던 다음 세대들은 현재 교회 내의 3세대 통합예배를 당연한 것으로 인식한다. 그들은 부서예배를 경험해본 적이 없기 때문이다. 3세대 통합예배를 통하여서 조부모 세대로부터 부모세대와 자녀세대의 영적 흐름을 일치시켰기 때문에 드림교회는 가정예배를 비교적 쉽게 적용할 수 있었다.

가정 중심의 소그룹 목회

드림교회는 작은 교회를 추구한다. 교회는 성도들이 내 것을 내 것이라고 하지 않고 우리의 것이라고 말할 수 있을 정도로 서로 사랑하고 아끼는 공동체가 되어야 한다. 그것은 교회가 작아질 때 보다 효과적으로 실현할 수 있는 구조이다. 또한 작은 교회는 가정 중심의 목회가 가능하다. 드림교회의 작은 교회 운동은 단순히 수가 적은 교회만

이 아니라 가정 중심의 공동체를 추구하는 목회이다. 드림교회는 10가정 정도가 모여서 하나의 지역교회를 이루는 작은 교회를 추구한다. 그래서 현재의 교회도 4개 교회로 분립하여 다시 개척을 할 예정이다. 그런 교회에서는 가정이 중심이 된다. 모든 성도들이 서로의 가정을 잘 이해하며, 서로의 가정을 잘 돌보는 공동체 구조를 이룰 수 있다.

그런 작은 교회 속에서 교회는 가정의 회복을 추구한다. 현대 가정은 가족들이 함께 보낼 시간이 없다. 가정의 유대감은 상실되었다. 현대 가정의 이혼은 기하급수적으로 증가하고 있고 세대 간 반목과 갈등은 위험수위를 넘어섰다. 가정의 유대감이 깨진 상태에서 가정예배를 드리는 것은 불가능하다. 그래서 드림교회는 가정을 회복하기 위한 노력을 하였다. 3세대 통합예배도 가정의 회복에 크게 기여하였다. 이뿐 아니라 드림교회는 매년 한 차례 3박 4일의 온가족 수련대회를 한다. 이때에 모든 성도들은 가정별로 텐트를 치고 온 가족이 좁은 텐트 안에서 함께 생활한다. 자녀들이 부모들의 숨소리를 들으면서 함께 잠자는 시간이 필요하기 때문이다. 그렇게 온 가족들이 함께 즐겁게 놀고, 함께 예배하면서 가족의 소중함을 새삼 깨닫게 된다. 그리고 가정은 공동체 안에서 회복되어 간다.

특별히 드림교회는 부부의 회복을 위한 에덴가정 세우기 운동을 한다. 매년 결혼 후 10년 이상이 된 가정 중에서 한 가정을 선택하여서 에덴가정 혼인예식을 한다. 이를 통하여서 부부가 하나님 앞에서 맺은 혼인 언약을 다시금 되돌아보고 하나님 앞에서 부부관계를 다시 회복할 것을 다짐한다. 이 때 자녀들도 부모의 에덴가정 혼인예식을 통하여서 부모 공경을 다시금 되새긴다. 이 과정을 통하여서 가족들의 마음이 하나가 되는 회복이 이루어진다. 그리고 가정이 다시금 언약으로 하나가 될 수 있는 기회가 된다.

드림하늘학교

가정예배의 가장 큰 난제는 자녀들의 신앙교육이다. 자녀들이 주일에만 교회에 출석하는 형식적인 신앙생활을 하는 경우 가정예배가 이루어지기 어렵다. 앞서 살펴본 바와 같이 청소년, 청년 이상의 성인 자녀가 있는 경우 자녀들의 적극적인 참여 없이는 가정예배가 불가능하다. 그런 의미에서 다음세대의 신앙교육은 가정예배의 필수요소이다.

드림교회는 다음세대의 신앙교육을 위하여서 2013년에 기독교 대안학교를 설립하였다. 그리고 2018년 현재 드림교회 내의 어린이, 청소년들은 거의 다 기독교 대안학교에 재학 중이다. 그 결과 드림교회는 가정, 교회, 학교가 하나가 되어서 다음세대를 신앙으로 키울 수 있게 되었다. 가정, 교회, 학교가 연합하여 자녀를 교육하지 않으면 다음세대의 신앙교육은 결코 녹록치 않은 문제이다. 특별히 오늘날과 같이 월요일부터 토요일까지 하나님 없는 교육을 받은 우리의 다음세대들이 주일 한 번의 교회 교육, 주중에는 가족들과 서로 얼굴보기도 어려운 바쁜 일상 속에서 바른 신앙인으로 자라기는 기적과 같은 일이다. 그런 의미에서 매일 하나님의 말씀을 가르치고, 신앙으로 자녀를 교육하는 기독교 학교는 신앙교육에 있어서 필수적이다. 하나님의 말씀을 가르치며, 하나님 있는 교육을 추구하는 기독교 학교를 통하여서 가정, 교회, 학교가 한 마음으로 다음 세대들을 하나님을 아는 세대로 키우며, 예배자로 키워낼 수 있다. 또한 이들을 학교에서부터 부모를 공경하며 효를 실천하는 자녀들로 키워내면 이들이 가정예배를 드리는 것은 너무도 당연한 것이다. 이처럼 가정예배는 신앙으로 바르게 성장한 다음 세대가 있어야 자연스럽게 이루어질 수 있다.

주일 저녁 가정식탁

드림교회는 주일 예배를 오전 11시와 오후 2시로 조정하였다. 오전 11시와 오후 2시에는 온 가족이 함께 예배하는 3세대 통합예배이다. 다른 부서 활동이 없기 때문에 모든 예배는 4시 이전에 다 마친다. 이 경우 아무리 늦어도 6시 이전에는 교회의 모든 모임과 봉사를 마칠 수 있다. 그리고 저녁은 가정에서 보낼 수 있다.

드림교회의 주일 저녁예배는 가정에서 드리는 예배이다. 교회는 주일 저녁 가정예배를 강조한다. 특별히 어머니들에게 주일 저녁만큼은 정성껏 식탁을 준비할 것을 가르친다. 주일 저녁 만큼은 온 가족이 함께 모여서 즐거운 저녁식사를 한다. 그렇게 온 가족이 함께 여유 있게 대화를 나누며 교제하는 시간을 갖는다. 그리고 식탁의 교제 이후에 함께 예배를 드린다. 이를 위하여서 교회는 주일 오후 예배를 앞당기고 주일 저녁에 모든 성도들이 각 가정으로 돌아갈 수 있도록 배려해주었다. 이것이 교회가 가정을 도울 수 있는 방법이었다.

가정예배의 실재 사례

가정예배의 순서

> 저녁식사 ⇨ 찬송 ⇨ 말씀 나누기 ⇨ 축복기도 ⇨ 주기도

가정예배는 복잡하지 않아야 한다. 복잡하면 모두가 적용할 수 없다. 초신자도 쉽게 적용할 수 있는 예배여야 한다. 그래서 드림교회의 가정예배는 단순하다. 누구나 쉽게 적용할 수 있다.

저녁식사는 온 가족이 함께 식사를 한다. 이 때 부모는 자녀들과 많은 대화를 나눈다. 자녀들은 한 주간 있었던 일들을 부모와 대화하며, 부모는 자녀들에게 격려와 축복의 말을 전한다. 자녀들은 부모에게 기도제목을 말하며, 부모들은 자녀들을 위해서 기도해줄 수 있다. 그런데 이 때 주의해야 할 점은 만약 이 시간에 부모가 자녀들을 판단하고, 잔소리를 한다면 다시는 자녀들이 부모와 대화를 하지 않을 것이다. 저녁식사부터 가정예배의 시작임을 기억하며 부모의 욕망을 절제해야 한다. 저녁식사 만큼은 어린아이를 끌어안아주시는 예수님의 마음으로 부모가 자녀들을 끌어안아야 한다. 이 과정을 통하여서 부모와 자녀들의 마음이 하나가 될 수 있다. 저녁식사의 책임은 어머니에게 있다. 어머니는 아버지와 자녀들을 위하여서 저녁식사로 가정예배를 준비한다. 그리고 아버지와 자녀들은 어머니의 수고를 기억하며 감사의 메시지를 전한다. 자녀들이 부모님께 감사하는 훈련은 가정예배의 시작이다.

저녁식사 후 가족들은 한 자리에 모여서 찬송을 부른다. 찬송은 교회에서 주일 공예배 시에 다함께 불렀던 찬송을 부른다. 왜냐하면 이 찬양은 모두가 잘 아는 찬송이기 때문이다. 또는 가족들이 함께 부를 수 있는 다른 찬송을 불러도 좋다. 찬송은 가능한 온 가족이 잘 아는 곡을 선정해야 한다. 부모세대들만 좋아하는 찬양 또는 자녀세대들만 좋아하는 찬양만 부르는 것은 좋지 않다. 통합예배를 드리는 교회라면 교회에서 함께 불렀던 찬양을 부르는 것이 제일 좋지만, 그렇지 않을 경우 가정 안에 온 가족이 함께 잘 부를 수 있는 찬양을 정해두는 것도 좋다.

　말씀을 나누는 시간은 주일 공예배시간에 선포된 말씀을 되새기는 시간이다. 이 때 온 가족이 모두 참여해야 한다. 부모가 일방적으로 자신이 깨달은 말씀을 다시 말하는 시간이 아니다. 자녀들은 자녀들 나름대로 들은 말씀과 그 말씀에 대한 깨달음과 결단이 있을 것이고, 부모들은 부모들 나름대로 들은 말씀과 깨달음과 결단이 있을 것이다. 그것을 모두 함께 돌아가면서 나누어야 한다. 이 과정을 통하여서 자녀들은 자신의 신앙을 고백하게 되며 믿음이 자라게 된다. 이러한 가정예배가 정착이 되면 공예배 시간에 부모가 말씀에 집중하는 긍정적인 효과도 덤으로 주어진다. 부모가 자녀들에게 말씀을 나누어야 하기 때문에 자연스럽게 주일 공예배 시간의 말씀에 집중하게 된다. 그리고 말씀을 나누는 시간은 결코 부모의 훈계 시간이 되지 않아야 한다. 말씀을 나누는 시간은 부모의 말을 전달하는 시간이 아니라 우리에게 주신 하나님의 말씀을 나누는 시간이다. 가정의 주인이신 하나님 앞에서 부모와 자녀들이 공예배를 통하여서 들은 말씀

말씀전수 및 축복예식

2. 자녀들을 위한 축복의 시간

1. 하나님의 언약 선포 :

여호와께서 조원이, 다원이, 예원이로 큰 민족을 이루고 조원이, 다원이, 예원이에게
복을 주어 조원이, 다원이, 예원이 이름을 창대케 하리니
조원이, 다원이, 예원이는 복의 근원이 될 것이다.
조원이, 다원이, 예원이를 축복하는 자에게는 여호와께서 복을 주시고
조원이, 다원이, 예원이를 저주하는 자에게는 여호와께서 갚으실 것이며
땅의 모든 족속이 조원이, 다원이, 예원이를 통하여 복을 얻을 것이다.(창12:2,3)

2. 아버지(어머니)의 축복 :

하나님 아버지 조원이, 다원이, 예원이에게 복을 주시옵소서.
조원이, 다원이, 예원이를 지키시며, 은혜를 베푸시고
평강을 주시옵소서.(민수기6:24~27)

위로 하늘의 복과 아래로 원천의 복과 젖 먹이는 복과 태의 복을 주시며
내 조상의 축복보다 나아서 영원한 산이 한없음 같이
이 축복이 사랑하는 조원이, 다원이, 예원이의 머리로 돌아오며
만민 중에 뛰어난 자가 되게 하시옵소서(창49:25,26)

심령이 가난하여 천국의 복을 누리게 하옵시고,
예수님의 성품으로 많은 사람을 섬기며 살게 하옵시며,
세상의 빛과 소금으로 주의 영광을 나타내며 살게 하옵소서(마5:3~16)

이 시간, 사랑하는 조원이, 다원이, 예원이의 영혼과 육체와 일생위에
주 예수님의 구속의 은혜와 성부 하나님의 사랑과
성령하나님의 교통하심이 충만하시기를 원하나이다.
존귀하신 예수님의 이름으로 축복하며 기도합니다. 아멘

을 함께 나누고 격려하며 기도할 제목을 찾는 시간이 되어야 한다.

축복기도는 부모가 자녀들을 축복하는 시간이다. 특별히 아버지는 하나님께서 부여하신 축복의 의무와 권한을 가지고 자녀들을 축복해야 한다. 아버지는 자녀들의 머리에 손을 얹고 기도하며, 가능하면 어머니는 자녀들을 끌어안고 기도해야 한다. 이 때 자녀들이 말씀대로 살아갈 수 있도록 기도해 주어야 한다. 드림교회는 축복기도문을 만들어서 성도들에게 제공해준다. 그러나 성도들이 그 축복기도문에 기록되지 않은 축복을 할 수도 있다. 아버지가 마음껏 하나님의 권위를 가지고 자녀들을 축복하며 기도하면 된다.

축복기도를 한 후 특별히 기도해야 할 제목이 있으면 합심기도를 한 후 주기도로 예배를 마친다.

결론

그리스도인의 자녀 교육에 있어서 가장 우선된 사명은 자녀에게 언약을 전수하고, 자녀들을 하나님의 의와 공도를 행하는 자들로 키우는 것이다. 또한 그리스도인의 가장 중요한 사명은 가정 안에 하나님나라가 임하도록 하는 것이다. 그것이 그리스도인의 삶의 목적이다. 이를 위하여 가정예배는 필수적이다. 가정예배 없는 신앙 전수, 가정예배 없는 하나님나라가 가능할까?

문제는 가정예배를 드리지 않은 문화 속에서 오랜 기간 동안 익숙해져 있는 성도들이 하루아침에 가정예배를 드리는 것이 결코 쉽지 않다는 점이다. 그래서 준비 작업이 필요하다. 신혼부부들은 결혼 즉시 적용할 수 있다. 물론 이들도 부모들과 함께 가정예배를 드려본 경험이 없다면 쉽지 않을 것이다. 그러나 결혼은 변화의 시기이기 때문에 쉽게 적응할 수 있다. 그러나 오래된 부부, 청소년이나 성인 자녀가 있는 가정 일수록 그동안 하지 않은 가정예배를 적용하기가 결코 쉽지 않다.

그래서 준비가 필요하다. 목회적인 차원에서 가정예배를 교육하고, 가정예배의 환경을 조성해야 한다. 가정예배를 드릴 수 있는 시간을 배려해주어야 한다. 교회 안에 가정예배의 문화가 형성될 수 있도록 가정예배 세미나, 가정예배의 실제 사례 소개 등을 통하여서 성도들이 그 필요성을 함께 공감할 수 있도록 도와주어야 한다. 그리고 가정예배를 실제로 적용할 수 있도록 상세한 교육과 안내가 필요하다.

'첫 술에 배부르랴'라는 속담이 있다. 가정예배를 적용하는 것은 결코 쉽지 않은 일이다. 드림교회도 10여년의 준비와 적용, 시행착오를 겪었다. 그러나 준비하면 가정예배는 쉽게 적용할 수 있다. 가정예배는 하나님이 기뻐하시는 일이기에 우리가 결심하면 하나님께서 도우신다. 가정이 회복되고 자녀들의 신앙교육이 회복되면 가정예배가 정착될 수 있다. 교회가 적극적으로 도우면 더 쉽게 정착될 수 있을 것이다. 우리 교단 안에 있는 모든 교회가 가정예배를 드릴 수 있는 날을 꿈꿔본다.

미주

1장. 유해무 — 가정예배, 그 역사와 유익

1   아래에서 웨스트민스터예배모범과 개혁교회의 전통을 다루면서 가정예배라는 말을 사용할 때에도 이런 점을 고려하면서 가정예배와 가정기도회를 동시에 사용할 것이다.

2   W. Zuidema, *Gods partner: ontmoeting met het jondendom* (Baarn: Ten Have, 51988), 83-84.

3   『디다케』, 8.

4   『사도규정』, 7, 5.

5   수도사들은 '기도하고 노동한다.' 하루 일곱 번씩 주를 찬양한다(시 119:164)는 말씀을 따라 Lauds(동이 틀 때; 148,149,150에서 따온 'Laudate'의 약어), Prime(06시), Terce(09시), Sext(12시), None(15시), Vespers(18시; Evensong), and Compline(21시)로 나누고 때로는 자정기도(Vigils= Nocturns=Matins)도 있었다. 이 기도회는 사실상 찬양이다. 수도사들은 이 기도시간을 중심으로 삼아 사이사이에 식사하고, 노동하고 성경을 읽거나 듣는다. 식사 시간 중에도 수도사가 순서대로 단(pulpit)에 서서 성경이나 성인들의 어록을 읽을 때 수도사들은 들으면서 잡념에서 벗어난다. 새벽기도를 한국교회가 처음으로 시작하였다는 주장은 피해야 한다. 오히려 이런 새벽기도회가 가정예배를 저해하였다고도 말할 수 있다.

6   "Vorrede", in *Deutsche Messe und Ordnung Gottis Diensts*, WA 19, 76.

7   "Vorrede", in *Der Große Katechismus*, WA 30/1, 129-130.

8   WA 52, 1-733.

9   칼빈이 가정을 '작은 교회'라 불렀다는 주장이 있다, M. van Campen, *Over het dienen in het gezien* (1991), (Middelburg: De Gihonbron, 2017), 20. 그러나 칼빈이 '작은 교회'라는 말을 쓴 적이 없다는 반론도 있다, D. M. Lloyd-Jones, *The puritans : their origins and successors* (Edinburhg: The Banner of Truth Trust, 2002), 132.

10 칼빈, 빌레몬서 2절 주석.

11 "The Directory of Family Worship", in *The Subordinate Standards and Other Authoritative Documents of Free Church of Scotland* (Edinburgh: Offices of the Free Church of Scotland, 1973), 228-232.

12 *The Poor Man's Family Book* (1674)을 말한다, W. Orme, ed., *The Practical Works of Richard Baxter: with a Life of the Author and a Critical Examination of his Writings*, Vol. 1 (London: James Duncan, 1830), 559-560.

13 R Baxter, *The Catechising of Families* (1682)

14 W. Orme, op. cit., 116-119.

15 W. Orme, op. cit., 562-564.

16 가장을 가정의 제사장이라 부르는 것은 신중해야 한다. 구약에서 제사장이 율법을 가르쳤는데, 이점을 가장이 여전히 책임지고 있다는 의미에서 제사장이라 부를 수 있다. 그러나 이로부터 설교와 교육을 맡은 목사를 제사장이라 부르는 것은 피해야 한다. 목사의 권위로 구약의 직분으로부터 도출할 수는 없기 때문이다.

17 M. Henry, *A Method of Prayer* (1710). https:// mrmatthewhenry.files.wordpress.com/2015/05/a-method-for-prayer-1710-edition.pdf

18 J.W. Alexander, *Thoughts on Family Worship* (1847), 임종원 역,『가정예배는 복의 근원입니다』(서울: 미션월드 라이브러리, 2003), 20-27.

19 대한예수교장로회(고신)총회,『헌법』(서울: 대한예수교장로회 출판국, 2011), 246-7.

2장. 임경근 - 가정예배, 어떻게 할 것인가 _ 목회적 접근

1 Peter Cha, "Towards a Vision for Second Generation Korean American Ministry", 21-24. 1994년 *Katalyst*에 발표된 글이다. Karen J. Chai(Harvard, Sociology), "Competing for the Second Generation: English-language Ministry at a Korean Protestant Church" in R. Stephen Warner & Judith G. Wittner(ed.), *Gathering in Diaspora: Religious Communities and the New Immigration* (Philadephia 19989), p. 300에서 재인용.

2 김창환, "한국교회에서의 입시 이해" (제2회 기독교학교교육연구소 학술대회: 입시에 대한 기독교적 이해 2007. 10. 20 연세대학교 위당관 대강당), 94.

3   James W. Alexander, *Thoughts on Family Worship* (Soli Deo Gloria Ministries 1998)『가정 예배는 복의 근원입니다』(미션월드 라이브러리 2003), 18.

4   라이먼 콜먼,『그리스도 교회의 고대 풍습』, 2판, 375쪽을 James F. Alexander의 책 19-20쪽에서 재인용.

5   http://www.reformed.org/documents/wcf_standards/index.html?mainframe=/documents/wcf_standards/p417-direct_fam_worship.html

6   시 55:17 "저녁과 아침과 정오에 내가 근심하여 탄식하리니 여호와께서 내 소리를 들으시리로다."

3장. 신승범 ― 가정예배, 어떻게 할 것인가? _ 교육학적 접근

1   페리 G. 다운즈,『기독교교육학 개론』, (서울: 은성, 2010), 22.

2   박상진,『기독교교육생태계를 회복하는 대안적 교육목회-품목회』, 장신논단, 48(1), (2016), 361-388.

3   양승헌,『한국교회 교육의 갱신과 방향 모색』, 한국복음주의 기독교교육학회 논문발표회 자료집, (2014), 32-37.

4   신앙교육의 현장으로 가정에 회복을 강조하는 논문으로는 유화자(2005), 조혜정(2010), 김성원(2012), 신승범(2013), 박미경(2015), 박신웅(2016)의 연구가 가정-교회의 연계를 다루는 논문으로는 김형길 외(2016), 임영택(2005), 이기복(2009), 김도일(2015), 박상진(2016)등의 연구가 있다.

5   대표적으로 존 웨스트호프의 신앙공동체 이론을 예로 들 수 있다. 그는 전통적인 주일학교 체제의 비 효과성을 지적하면서 새로운 대안을 제시하는데 즉, '학교-교수 체제(the schooling-instruction paradigm)'에서 '신앙공동체-문화화 체계(a community of faith-enculturation paradigm)'로의 전환을 주장하였다.

6   양승헌,『한국교회 교육의 갱신과 방향 모색』, 한국복음주의 기독교교육학회 논문발표회 자료집, (2014), 32-37.

7   박신웅,『기독교교육에서 주체와 객체의 상호성에 대한 연구- 가정과 가정예배를 중심으로』, 기독교교육정보, 49, (2016), 1-31.

8   박상진 외 4명,『다음세대를 위한 기독교교육 생태계』, (서울: 예영커뮤니케이션, 2016).

9 신승범, 『부모, 신앙교육의 주체인가?』, 기독교교육논총, 48, (2017), 293-319.

10 클라우스 이슬러, 『화목을 위한 가르침』, (서울: 디모데, 2004).

11 지영숙, 『전통사회의 가정교육에 대한 재조명』, 한국가정과학회 학술발표논문집(2002), 3-8.

12 최미숙, 최선미, 『밥상머리교육이 유아의 자아존중감 및 조망수용능력에 미치는 영향』, 한국생태유아교육학회(2013), 81-103.

13 강민중, 『교육: 밥상머리 교육-교육의 시작이다』, 남명학연구소(2014), 26, 93-97.

14 강민중, 『교육: 밥상머리 교육-교육의 시작이다』.

15 연세대학교 사회발전연구소, 『한국 어린이·청소년 행복지수. 국제 비교연구 조사 결과보고서』, (2016).

16 심정섭, 『질문이 있는 식탁 유대인 교육의 비밀』, (서울: 예담, 2016).
    전성수, 김미자, 『아이야 너희 생각은 어때?』, (서울: 브레멘, 2016).

17 김태희, 『밥상머리의 행복한 기적』, (서울: 베가북스, 2012).

18 정정희, 최은설, 『밥상머리교육을 통한 인성교육의 방향 고찰』, 유아교육(2016), 25(3), 395-409.

19 하지영, 김혜순, 『밥상머리교육이 유아의 식습관과 사회성에 미치는 효과』, 한국아동교육학회(2017), 26(4), 389-410.

20 장우순, 『밥상머리교육 실시 여부에 따른 중학생의 학교부적응 및 비행행동의 차이』, 석사학위논문, 제주대학교 교육대학원(2016).

21 은준관, 『기독교교육현장론』, (서울: 한들출판사, 2007).

22 김기숙, 『기독교교육개론』, 기독교 가정교육, (서울: 대한기독교서회, 2006).

23 신승범의 연구에서, '나는 주일 아침 자녀가 시험기간에 교회 대신 학원이나 학교에 간다고 했을 때 자녀의 의견에 존중하는 편이다'라는 항목에 목회자 학부모의 75%, 장로/권사 학부모의 65%, 집사 학부모의 59%, 일반성도의 50%가 '전혀 아니다' 또는 '아니다'라고 응답했다.

24 테드 바워, 팻분, 『크리스천 부모와 자녀의 대중문화 읽기』, (서울: 디모데, 2012), 124-125.

25 레지 조이너, 『싱크 오렌지』, (서울: 디모데, 2011).

26 신승범, 『부모의 관계적 기독교 영성과 그들의 자녀양육 방식의 상관관계에 관한 연구』,

기독교교육논총(2011), 30, 317-343.

27 도널드 휘트니,『오늘부터, 가정 예배』, (서울: 복있는 사람, 2018).

28 임경근,『교리와 함께하는 365 가정예배』, (서울: 세움북스, 2017), 11).

3장. 참고문헌

강민중 (2014). 교육: 밥상머리 교육-교육의 시작이다, 남명학연구소, 26, 93-97.

김도일 (2015). 가정과 교회의 유기적 관계 회복을 통한 신앙교육-가교사역: 건강한 신앙학습 생태계 형성에 대한 연구와 제언. 선교와 신학, 36, 11-45.

김성은(2015). 좋은 아버지로 산다는 것. 서울: 소울메이트.

김기숙(2006). 기독교 가정교육. 기독교교육개론. 서울: 대한기독교서회.

김태희(2012). 밥상머리의 행복한 기적. 서울: 베가북스.

도널드 휘트니(2018). 오늘부터, 가정 예배. 서울: 복있는 사람.

도널드 휘트니(1997). 영적훈련. 서울: 네비게이토 출판사.

레지 조이너(2011). 싱크 오렌지. 서울: 디모데.

리처드 포스터(2011). 영적 훈련과 성장. 서울: 생명의 말씀사.

메튜 헨리(2015). 가정예배를 회복하라. 서울: 패밀리 북클럽.

박상진(2008). 교회교육 현장론. 서울: 장로회신학대학교.

박상진 외 4명(2016). 다음세대를 위한 기독교교육 생태계. 서울: 예영커뮤니케이션.

박상진 (2016). 기독교교육생태계를 회복하는 대안적 교육목회-품목회. 장신논단, 48(1), 361-388.

박신웅 (2016). 기독교교육에서 주체와 객체의 상호성에 대한 연구- 가정과 가정예배를 중심으로. 기독교교육정보, 49, 1-31.

신승범 (2011). 부모의 관계적 기독교 영성과 그들의 자녀양육 방식의 상관관계에 관한 연구, 기독교교육논총, 30, 317-343.

신승범 (2013). 기독교교육의 장으로서의 가정의 재발견, 복음과 교육, 14, 185-206.

신승범 (2017). 부모, 신앙교육의 주체인가? 기독교교육논총, 48, 293-319.

신형섭(2017). 가정예배 건축학. 서울: 장로회신학대학 출판부.

연세대학교 사회발전연구소(2016). 한국 어린이·청소년 행복지수. 국제 비교연구 조사 결과보고서.

심정섭(2016). 질문이 있는 식탁 유대인 교육의 비밀, 서울: 예담.

양승헌 (2014). 한국교회 교육의 갱신과 방향 모색. 한국복음주의 기독교교육학회 논문발표회 자료집 (pp. 32-37).

유화자 (2005). 자녀의 신앙교육의 중요성-부모의 모델됨을 중심으로. 신학정론, 23(1). 171-190.

은준관 (2007). 기독교교육현장론. 서울: 한들출판사.

이정관 (2012). 청소년기독교신앙교육을 위한 가정과 교회의 교육연계. 신학과 실천, 457-482.

이정관 (2015). 건강한 기독교 가정을 세우기 위한 기독교교육적 돌봄. 기독교교육논총, 44. 177-206.

임경근(2017). 교리와 함께하는 365 가정예배. 서울: 세움북스.

임영택 (2005). 신앙양육과 부모의 지도력. 기독교교육정보, 10, 165-192.

장우순 (2016). 밥상머리교육 실시 여부에 따른 중학생의 학교부적응 및 비행행동의 차이, 석사학위논문, 제주대학교 교육대학원.

정순화(2017). 부모되기 생각을 담다. 서울: 학지사.

조혜정 (2010). 다원주의 시대의 기독교 부모교육을 위한 제언. 기독교교육정보, 27, 263-289.

크리스천 오버만 & 돈 존슨(2007). 진리와 하나된 교육. 서울: 예영.

클라으스 이슬러(2004). 확목을 위한 가르침. 서울: 디모데.

테드 바워 & 팻분(2012). 크리스천 부모와 자녀의 대중문화 읽기. 서울: 디모데.

페리 G. 다운즈(2010). 기독교교육학 개론. 서울: 은성.

전성수, 김미자(2016). 아이야 너희 생각은 어때?. 서울: 브레멘.

정정희, 최은설 (2016). 밥상머리교육을 통한 인성교육의 방향 고찰, 유아교육, 25(3), 395-409).

지영숙 (2002). 전통사회의 가정교육에 대한 재조명, 한국가정과학회 학술발표논문집, 3-8.

최미숙, 최선미 (2013). 밥상머리교육이 유아의 자아존중감 및 조망수용능력에 미치는 영향, 한국생태유아교육학회, 81-103.

하지영, 김혜순(2017). 밥상머리교육이 유아의 식습관과 사회성에 미치는 효과, 한국아동교육학회, 26(4), 389-410.

함영주 외 (2015). 한국교회교육에 대한 교육지도자의 인식도 연구. 성경과 신학, 75, 1-33.

4장. 박신웅 — 가정예배의 어제, 오늘 그리고 내일

1   도널드 휘트니,『오늘부터, 가정예배』, 윤종석 역 (2017, 서울: 복있는 사람), 18-34.

2   Ibid., 재인용. 36-37.

3   도널드 휘트니,『오늘부터, 가정예배』, 38.

4   임경근,『종교개혁과 가정』, (2017, 서울: SFC), 81.

5   웨스트민스터 신앙고백서의 서문은 특별히 '가장'들에게 쓰였는데, 이는 이 신앙고백이 주로 가정교육용으로 사용되는 것을 염두에 두었음을 암시한다. 케리 피텍,『아버지는 가정 목회자』, 김시완, 윤혜란 역 (2003, 미션월드 라이브러리), 121.

6   고신총회 헙법 개정위원회,『고신총회 헌법』(2017, 서울: 총회출판국), 69.

7   번역에 따라 '가정예배 모범'이라고도 하지만 내용상 전체적인 가이드라인을 보여준다는 의미에서 본 글에서는 '가정예배 지침서'라고 명명하기로 한다.

8   피텍,『가정 목회자』, 119.

9   Leland Ryken, *Worldy Saints: The Puritans As They Really Were*, (피텍, 119에서 재인용).

10 피텍,『가정 목회자』, 120.

11 임경근,『개혁주의와 가정』, 82-83.

12 피텍,『가정 목회자』, 121.

13 '가정예배 지침서' 전문은 Joel E. Beeke, *Family Worship*, (2009, Grand Rapids: Reformation Heritage Books), 49-59. 혹은 http://www.christcovenantcullman.org/directory-modernized.pdf 을 보라.

14 피텍, 『가정 목회자』, 134.

15 Ibid., 129-130.

16 피텍, 『가정 목회자』, 129.

17 제임스 알렉산더, 『가정예배는 복의 근원입니다』, 임종원 역 (서울: 미션월드 라이브러리).

18 피텍, 『가정 목회자』, 133.

19 Ibid., 134-135.

20 비록 우리 헌법에는 "예배할 수 있다"고 번역하고 있지만, 번역 내용이 조금은 다르지만 기본 내용은 그대로 유지하고 있다. 런던신앙고백서 21조. 6항. 휘트니, 『오늘부터, 가정예배』, 40.

21 제임스 알렉산더, 『가정예배는 복의 근원입니다』, 임종원 역 (2007, 서울: 미션월드 라이브러리)

22 피텍, 『가정 목회자』, 154-166. 보다 자세한 내용은 알렉산더(2007)를 참조하라.

23 보디 보우컴, 『가정아, 믿음의 심장이 되어라』, 이명숙 역 (2008, 서울: 미션월드), 194-200.

24 조엘 비키, 『언약 자손으로 양육하라』, 김진선 역 (2015, 서울: 성서유니온), 63.

25 도널드 휘트니, 『오늘부터, 가정예배』, 80-81.

26 Joel R. Beeke, *Family Worship*, 2009, 51-52.

27 제임스 알렉산더, 『복의 근원입니다』, (2007), 142-180.

28 피텍, 『가정 목회자』, 199.

29 매튜 헨리(n.d.), 『매튜 헨리의 가정예배를 회복하라』, 이영자 역, 서울: 미션월드.

30 도널드 휘트니, 『오늘부터, 가정예배』, 63.

31 보디 보우컴, 『남자, 가정을 품다』, 유정희 역 (2014, 서울: 예수전도단), 104-107.

32 Jason Helopoulos, *A Neglected Grace: Family Worship in the Christian Home*, (2016, Scotland: Christian Focus Publishing).

33 조엘 비키, 『언약 자손으로 양육하라』, 2015, 58-63.

34 이영훈, 『물댄 동산: 4-6 가정예배서』, (2014, 서울: 교회성장연구소)

35 임경근,『교리와 함께하는 365 가정예배』, (2015, 서울: 세움북스)

36 주준태 외,『야곱의 식탁』, (2017, 서울: 생명의 양식)

37 총회교육원,『쓰는 가정예배』, (2016, 서울: 생명의 양식)

38 백홍령, 최지혜,『보석비빔밥 가정예배: 미취학 어린이와 함께하는 유아 유치부 & 가정예배 지침서』, (2013, 서울: 주니어 아가페)

39 심형섭,『가정예배 건축학: 가정예배 오답노트 다시쓰기』, (2017, 서울: 장로회신학대학교출판부)

40 그가 말하는 11가지 가정예배 형태는 다음과 같다. 1. 전통적 가정예배 2. 대화중심 가정예배 3. 독서 중심 가정예배 4. 기도 중심 가정예배 5. 성경공부형 가정예배 6. 예술과 함께하는 가정예배 7. 이슈형 가정예배(가령, 자녀가 학교에서 운동하다가 다쳐서 응급실에 있는 경우), 8. 이벤트형 가정예배(결혼기념일 가정예배 등) 9. 절기형 가정예배 10. 큐티형 가정예배 11. 말씀암송형 가정예배 모델 등. 심형섭,『가정예배 건축학』, (2017), 265- 277.

41 매튜 헨리(n. d.),『가정예배를 회복하라』

42 알렉산더, 142.

43 임경근,『365 가정예배』, (2015), 9.

44 Joel R. Beeke, *Family Worship*, (2009), 19.

45 Joel R. Beeke, *Family Worship*, (2009), 19.

46 케리 피텍,『아버지는 가정 목회자』, (2003), 174.

47 http://www.faith5.org/

48 Brian Haynes, *Shift: What it takes to finally reach families today*, (2009, Loveland, CO: Group), 43.

49 Ronald H, Rynd, "가정예배"『기독교 교육학사전』, 마이클 앤서니 편집, 한국 복음주의 실천신학회 역, (2010, 서울: CLC), 27.

5장. 김동훈 — 축복과 대화가 있는 가정예배 '야곱의 식탁' (송도제일교회)

1   주준태 외, 『야곱의 식탁』 (서울: 2018), 71-81.

6장. 채충원 — 좌충우돌 가정예배 훈련캠프 이야기 (한밭교회)

1   초기에는 '아자캠프'라는 이름 때문에 왜 '부모'가 아니라 '아버지'냐는 지적이 제기되었다. 편모 가정은 소외감을 느끼지 않겠느냐는 의견도 있었다. 그래서 '부모와 자녀가 함께 하는 가정예배 훈련캠프', 즉 '부자캠프'로 변경하는 것도 고려해 보았다. 그러나 아버지들이 믿음의 가장으로 세워지는 것이 매우 중요하다고 생각했기 때문에, 그리고 어머니들과 자녀들의 한결같은 바람도 아버지가 믿음의 본을 보이는 것이라고 보았기 때문에 아자캠프라는 이름으로 시작했다. 그러나 행사 이름을 변경하자는 의견이 여전히 존재하기 때문에 편모 가정을 배려하는 차원에서 행사 이름을 변경하는 것도 고려하고 있다.
2   2기 아자캠프 때는 교역자를 포함하여 총 61명(부모 26명 자녀 25명)이 참가했다.
3   첫날 저녁에 각 가정은 각자의 숙소에서 스텝들이 미리 준비한 도시락으로 저녁 식사를 한 후 가정예배를 드렸다. 이 때 약 10-15분 정도 가정예배 실황을 핸드폰으로 촬영하여 미리 개설된 밴드에 업로드했다(셀프 촬영용 휴대폰 거치대 지급). 교역자들은 업로드된 영상들을 다운로드하여 그 영상들을 다시 15분 영상으로 편집하여 둘째 날 전체 집회에서 상영했다.
4   "여호와를 경외함으로 섬기고 떨며 즐거워할지어다" (시편 2:11)